U0600469

# 如何成为一个会读书的人

[日]渡边康弘　著

富雁红　译

ものの見方
が変わる
シン・読書術

北京联合出版公司
Beijing United Publishing Co.,Ltd.

**图书在版编目（CIP）数据**

如何成为一个会读书的人 / (日) 渡边康弘著；富
雁红译.-- 北京：北京联合出版公司, 2022.6（2022.7）
ISBN 978-7-5596-6174-6

Ⅰ.①如… Ⅱ.①渡… ②富… Ⅲ.①读书方法
Ⅳ.①G792

中国版本图书馆CIP数据核字(2022)第068376号

**北京市版权局著作权合同登记号　图字：01-2022-2106**

MONO NO MIKATA GA KAWARU SHIN · DOKUSHOJUTSU
BY Yasuhiro Watanabe
Copyright © Yasuhiro Watanabe, 2021
Original Japanese edition published by Sunmark Publishing, Inc., Tokyo
All rights reserved.
Chinese (in Simplified character only) translation copyright 2022 by Beijing Mediatime
Books Co., Ltd.
Chinese (in Simplified character only) translation rights arranged with
Sunmark Publishing, Inc., Tokyo through BARDON CHINESE CREATIVE AGENCY
LIMITED, HONG KONG.

**如何成为一个会读书的人**

作　　者：[日] 渡边康弘
译　　者：富雁红
出 品 人：赵红仕
责任编辑：孙志文
策划编辑：蔺亚丁
封面设计：仙　境
版式设计：姜　楠

北京联合出版公司出版
（北京市西城区德外大街 83 号楼 9 层　100088）
北京时代华语国际传媒股份有限公司发行
唐山富达印务有限公司印刷　新华书店经销
字数82千字　880毫米×1230毫米　1/32　5.5印张
2022年6月第1版　2022年7月第3次印刷
ISBN 978-7-5596-6174-6
定价：45.00 元

**版权所有，侵权必究**

未经许可，不得以任何方式复制或抄袭本书部分或全部内容
本书若有质量问题，请与本公司图书销售中心联系调换。电话：010-63783806

# 目录 | CONTENTS

--------------------------------------------------------------------------

## 第二章　锻炼创新能力、提高素养的新阅读方法

--------------------------------------------------------------------------

## 第三章　锻炼逻辑思考能力，让人变聪明的新阅读方法

--------------------------------------------------------------

## 第四章　生活在不可预知未来的时代下所需的新阅读方法

-------------------------------------------------

## 终　章　读了书会怎样？

## 序　章

欢迎走进阅读的世界

# 你是否也体会过阅读的负罪感?

阅读的意义,在于能否邂逅那些让我们产生强烈共鸣的一字一句。

正是因为那些引起共鸣的一句话一个词,我们才能发自内心地感受到"这本书值得一读"。

所以,从这个角度来说,在一本书上耗费好几个小时其实是没有什么必要的。

即便如此,还是有些书总会让人"想再多看看""想再深入了解一下内容"。如果是发自内心地这样想的话,那么多花一点时间去阅读一本书也是无妨的。

是的,阅读是"自由"的。

不过,话虽如此,阅读也会让人产生负罪感。

·必须仔细研读书里的每一个字。

·必须正确理解作者想表达的思想和意见。

·必须要牢牢记住读过的内容，然后转述给某人。

·想提高阅读速度，但由于还不太习惯速读，反倒花了大把时间，事与愿违。

·要看书就得专门腾出时间，还要做到精神集中，全神贯注。

·拿到书之后必须尽快读完（买了书又放着不看，太丢人了！）。

大家是不是也体会过类似的负罪感呢？

本书将消除这些阅读所带来的负罪感，借助最新的脑科学、认知心理学等学说，改变大家迄今为止有关阅读的所有常识，甚至改变大家针对人生的"价值观"和"世界观"。

毕竟接下来要介绍的阅读方法，是区别于大家过去对阅读的认知的，所以还是希望大家能将其看待为一种"新阅读方法"。

这种"新阅读方法"既有单纯的"新"方法的意思，又包含了"真""深""信"等诸多含义。顺便说一句，英语中的 sin 意为"罪"、syn 意为"共同"。

接下来，就让我们进入新阅读方法的话题吧。


**每七十年一次的时代转折期，将颠覆我们的常识！**

在正式介绍新阅读方法之前，请允许我先说明一下为什么会提出这种方法。

我创立了几家公司，还经营着一家商务管理咨询公司。我成立的企业中也有几家已经成功上市。

在经营公司的同时，我始终保持着阅读的习惯。我每年的阅读量大概在三千册，截至目前总共阅读过两万五千多本书。

从商务类、人文社科类、理工类书籍到小说、散文、画本甚至是杂志，总之任何一种出版物都会成为我的阅读对象。几年前我也开始阅读电子书，在市里的一家书店光买书就花了近八百万日元。

在参考脑科学、认知心理学、行为心理学、物理学等专业书籍、论文之后，新的阅读方法就此诞生。

在阅读了大量的书籍，并对阅读进行深入研究后，我明白了一件事。

那就是，要想在当下这个时代生存下去，阅读是必不可少的。

我想，大家应该都深有体会，此刻我们正身处时代的转折点。

实际上，从日本的历史来看，每隔七十年，就会经历大的时代变革。

1945 年，第二次世界大战结束。七十年前的 1951 年（本书写作时间为 2021 年），签订《旧金山对日和平条约》。

一百四十年前的 1881 年，明治十四年政变。

在这两次时代大变革之后，人们的"世界观"发生巨变，这一点应该不难想象吧。是的，面对时代转折点，我们需要的是不同于过去的"新的世界观"。

新的时代下，过去的常识不再是常识。

而过去并非常识的观点、理念又会变为常识。

新的时代更加要求我们主动去追求真理并验证。

**书籍也是体验创作者人生的一种工具**

那么，要想改变我们的价值观、世界观，应该怎么做呢？

大家或许都会联想到倾听他人的意见、进行多样化的体验等等。

如果能够花费时间和金钱，或许可以有很多种方法。

但是，最快捷的方法正是"阅读"。

事实上，在我主办的读书会上，曾经做过一次有关"阅读的好处"的问卷调查，结果如下：


· 能获得作者的体验

· 能从日常世界逃避到非日常的世界

· 能够超越时代

· 可以接收到正规、优质的信息


在我看来，阅读最大的优点就在于能够在书中体验作者的人生。

读者可以通过阅读接触、学习到创作者的价值观、世界观等，这就是最大的收获。

除此之外，说到回顾比自己生活的时代更久远的时代，阅读或许就是唯一的方法。

我们可以借助书籍，回首过去，感悟先辈们的智慧，学习他们看待事物的观点和理念。

也许有人会认为，单纯只是了解他人的价值观、世界观，并不代表能够改变、更新自己的观念、认识。的确，过去我也经常听到"读那么多书，能有什么用"之类的嘲讽。

但是，在开始阅读的这十五年间，在阅读了大量的书籍之后，我切身体会到随着阅读的书籍越来越多，我脑海中甄别、认识信息的模式不断积累，价值观、世界观也随之逐渐转变。

不仅如此，也变得能够更加快速地自动吸收一些自己感兴趣的信息。

由此，价值观也焕然一新，为自己想表达些什么、自己接下来应该做些什么找到新的方向。这种趋势会随着阅读量的增加而不断增强，亦能拥有多元化的价值观。

**新时代下，比掌握"答案"更重要的是提出"疑问"**

当今时代与过去，最大的不同点是什么——

是否有现成的答案。

过去，进入一流大学、在知名企业工作，度过悠然自得的晚年可谓是人生的"标准答案"。可是，这种完美的人生模型在当下的时代已开始逐渐失去了颜色。

面对雷曼事件（雷曼事件，美国第四大投资银行雷曼兄弟公司破产，引发全球性金融海啸）、地震、新型冠状病毒大流行等一个个社会性大变革，应该活出什么样的人生，并不存在所谓的标准答案。

这个答案，并不能通过学习来获得，必须用自己的双手创造。比起掌握已知的答案，提出"新的疑问"，找到属于自己、适合自己的答案，变得更为重要。

每个人都必须提出新的问题，然后各自创造出新的答案。

这就要求我们具备一种能力，一种改变看待事物的观点、理念，找出区别于过往常识的事实，立足于问题与他人共鸣并付诸实践的能力。

书籍，可以让读者体验作者的人生。

通过阅读，可以体验作者提出什么样的问题，推导出什么样的答案，又是如何创作出这样一本书的。阅读，最棒的地方就在于能够在学习过去的思考方法、了解过去的思考过程的同时，还能掌握不同于自我的思维和看待事物的观点。

接下来要讨论的,并不是让大家找出现成的答案,而是帮助大家找出"新疑问"的阅读技巧——新阅读方法。

**阅读,可以锻炼将来所需的"智慧"**

找寻新的疑问,并非现成答案的新阅读方法,可以让我们拥有能够在将来生存下去所需的"智慧"。

"智慧",并不单单体现在学习能力、动手能力和知识水平上。

进入社会后表现出的创造性、创新性思维的高情商,也是必不可少的。

以往的社会中,成功的模式千篇一律,要求大家拥有较强的学习能力、动手能力、较高的知识水平以及能够理性思考的智慧。

但是,在充满不确定因素的时代,在急剧变化着的时代,高情商变得越来越重要。

它是一种直觉,不是寻找正确答案,而是为了继续生存下去,提出疑问,找出更优的答案并前进的能力。

当然,我并不是说让大家一味地只去追求高情商。

今后的时代，需要的是以直觉为主的情商、以理性为主的智慧以及"能够有效地集合这两者的大智慧"。而磨炼这一智慧的最佳手段，正是"阅读"。

不过，一旦到了真要读书的时候，应该也有很多人并不擅长阅读吧。

这一点，在统计数据中也有所体现。2018 年度文化厅的调查数据显示，85% 的人每个月的阅读量不到三本书。

不阅读的人有所增加的原因，或许就在于开篇中提到的"必须仔细研读书里的每一个字"、"必须要牢牢记住读过的内容，然后转述给某人"以及"与其藏书不读，倒不如从一开始就不去买书"之类的"负罪感"吧。

时下正是多媒体高速发展的时代，海量信息纷繁复杂，读书变得愈发困难。阅读不同于动画或音乐，不是按下按钮就能自动享受的信息媒体，只有在读者成为主体时，才能从书籍中获取相应的信息。

不过，值得注意的是，只要稍稍改变对阅读的看法，我们就能不花费时间或是只花费很少的时间掌握新的观点或看法。

**将来该如何阅读？颠覆阅读常识的新阅读方法**

在详细说明之前，先简要介绍一下阅读新常识的具体内容吧。

比如，没有时间读书而出现的"藏书不读"问题。

在新常识中，是 OK 的！

再比如，很多人都希望能有过目不忘的超能力，只读一次就能记住书中的内容。

关于这一点，即使忘记读过的内容也是 OK 的。或者，更准确地说，进行回想练习更为重要。读过一次之后，回想书里是什么内容，更能加深记忆。

我想大家应该也有过把一本书从头读到尾，想去理解作者的意图和理念，却总是不尽如人意的经历吧。没关系，在新常识中，这也是 OK 的。

读书，从对自己有用的地方开始读起就可以了。原因在于，比起"正确"的东西，大脑更容易记忆"有用"的知识。

除了前面提到的几个例子之外，对阅读的固有观点和认识，也会让人产生负罪感。

立足于最新的脑科学、认知心理学理论的新阅读方法，能够将这些负罪感一扫而空。另外，下面还会讨论如何才能让阅读、人生变得更加轻松、愉快。

本书中还会向大家传递以下的新阅读方法。

·阅读，三分钟亦可。每天首先接触到的信息将会决定你度过怎样的一天。

·不用从头到尾一字不落地全部读完，阅读是"为自己而读"。

·对角线读书（对角线读书，指从书的左上角直线往右下角读，即通过余光读）也OK，寻找关键词是数字社会中特有的阅读方法。

·不用专门为阅读腾出时间，边休息边阅读的效率更高。

·用手指做辅助，既能实现快速阅读，又能有效地集中注意力。

·与作者"共振"，即可体验到多种多样的价值观。

·阅读前也很关键。深呼吸和摄入水分可以让大脑保持活跃。

·通过"所谓……"等关键词寻找作者的意见、观点，利用逻辑符号预测后再阅读。

·通过段落的增减，把握作者的情感。

·要想做好阅读笔记，反馈是不可或缺的。

·以"所谓……""未必……""说起……"为特征的营销式阅读。


怎么样？是不是有很多都和大家以往对阅读的认识有所不同。

希望大家可以利用新阅读方法，找到能够在新时代继续生存下去的"属于自己的答案"，成为"梦想中的自己"。

在序章的结尾，我有一个建议。

如果在本书中遇到了想要付诸实践的内容，希望大家能够记录下来，然后将笔记夹在书里，把这本书塞进书架，等过段时间再拿出来翻看。到那时，也许你就会发现，你已经成为此刻难以想象的全新的自己，而周围的世界也变得焕然一新。

找到引起你共鸣的一词一句，就能遇到崭新的未来。

那么，就让我们为了崭新的未来，翻开下一页吧。

**第一章**

改变价值观的"阅读新常识"

## 拿掉对大脑的限制，扩展阅读的可能性！

正所谓，开卷有益，人最好还是要读点书。

不过，阅读又会让我们产生满满的负罪感……

特意买回来好多书，却都没有读完。

注意力无法长时间集中，还没读到结尾就走神了。

买了书又不看，新书越堆越多，最终成了藏书不读。

仔仔细细读完书，却记不住书里的内容。

想看得快一些，可是并没有掌握速读的诀窍。

"必须……""应该……"正是因为有这种想法，才会不断积累对阅读的负罪感。

原本这些书就是为了自己才买的，或是从图书馆借来的。到头来却充满了强烈的负罪感——"对不起，没能全部读完""不好意思，没记住书里的内容""真抱歉，没能活用书里的内容""对不起，没能感动得哭出来""对不起，没能把一本书从头看到尾""藏书不读，真惭愧"。然后，从此再也不看书了。

说实话，做不到也没关系。

只要改变对阅读的"认识、看法"即可。

在不断变化的时代下，关键在于能否摈弃以往的常识，掌握新的常识。

诸如"A 即为 B"的常识越深刻，你大脑中的局限性就越强。

其实，阅读是充满无限可能的。

顺便说一下，迄今为止出现过很多种阅读方法，也有多个不同版本的解说书。不过，大家此刻手里捧着的这本书，有很多观点是与其他阅读技巧或阅读方法相悖的。因此，也会有人的负罪感更加强烈。

不过，从我多年研究的结果来看，任何一种阅读方法，随着观点和看法的改变，都是值得被肯定的。不仅如此，在各种读书会、读书小组、速读研讨会中教授过近一万人之后，我明白了一个道理。

阅读，只要有读书前的 before 和读书后的 after 就可以了。

阅读后，内心有所触动，能够往前迈出一步，在你的内心深处留下些什么——诸如此类，只要和阅读前的自己相比，有所改变就可以了，哪怕只是很小的一点点的变化。

从这个角度来说，什么样的阅读方法都已经无所谓了，不是吗？

总要否定些什么的阅读方法或技巧从此落下帷幕。

让我们改变看待事物的观点，将以往对阅读的负罪感一扫而空吧。

## 转变为阅读新常识

以往的常识

找回阅读的自由吧！

## "新阅读方法"，即为自己而读

阅读，大体可以分为两种。

第一种，是理解"作者的观点、意图"。

换句话说就是，从第一页的第一行开始看到最后一页的最后一行，一字不落、直线式地阅读。

常规的应试教育下要求学生必须正确理解文章。

所以，大家习惯于有条理地、有逻辑地理解作者在书里想表达的意见和观点。

碰到小说，就要去享受其体裁、节奏，让自己完全沉浸在故事情节中。既不能读得太快，要花费时间仔仔细细地读，避免出现理解偏差，又必须要记住书里的内容……

提到读书，持有这种想法的人是非常多的。

另一种，是"为自己而读"。

这种阅读方法是从书里找出一些对自己的人生和日常生活有益的东西，并付诸行动。

不用全部读完，只要找到让自己满意的内容就可以了，哪怕只是短短的一行。无论是对角线读法、跳跃式读法，还是摘取关键词的阅读方法，任何一种都可以。

每天只需要花三分钟左右去看书就足够了，也可以多次反复阅读。当然，如果理解作者的观点也是为了自己的话，那么也完全 OK。

也许会有很多人觉得"这哪是读书"。也正是出于这个原因，我才要在这本书中告诉大家，这就是全新的阅读技巧，是"新阅读方法"。

这种"新阅读方法"的首要目的，在于为自己而读，这与"掌握、理解作者意图"的认识是有所区别的。

1. 两种阅读方法

2. 理解"作者观点"的阅读方法

3. 我的观点是……

4. "为自己而读"的阅读方法

# 在脑科学的领域中，也要求阅读方法的更新换代

"不全部读完也 OK""摘取关键词的阅读法""代入作者的情感阅读"。

这些观点都是鄙人在拙作《高效阅读：20 分钟读懂一本书》中介绍过的。当初这本书刚上市时，线上书店的评论区一片骂声，网友们都说"这根本就不是读书"，不过在那之后科学期刊上的论文以及出版的书籍都证实了我的观点。

其中之一是脑科学领域的权威学者，来自乔治·华盛顿大学的威廉·斯蒂克斯鲁德教授发表的文章。

威廉·斯蒂克斯鲁德教授在文章中写道："当下已经步入数字时代，我们的阅读不再是以往的直线方式，早已变为连接关键词的阅读方式或是有重点的跳跃式阅读。"

加利福尼亚大学洛杉矶分校（UCLA）阅读障碍、多元学习者和社会正义中心主任玛丽安娜·沃尔夫也提到，人的

大脑已经有所改变，不再是过去缓慢地追逐文字的阅读方法，而是超快速地移动目光、不断寻找关键词。

时代不同了，阅读已经不再是大家的刻板认识中的那样了。

希望大家能够转变对阅读的认识，减轻对阅读的负担，以轻松的心态去看待阅读。

然后，勇敢地往前迈一步。

# 你是否体会过"阅读的七宗罪"?

如果能摆脱负罪感，肩上的负担就会轻松很多。到那时可能就会觉得当初是多么荒唐，竟然会因为阅读而心力交瘁。阅读可以更有趣，而且能够更加高效地学习各种知识。

肯定还有人会说："话倒是没错，可就是摆脱不了负罪感啊。"在经过与众多读者的交流，我将典型的阅读负罪感总结为以下七点。

---

**阅读七宗罪**

负罪感一　要从第一页看到最后一页，不能有任何遗漏

负罪感二　要读书就必须专门腾出时间

负罪感三　看完记不住书里的内容

负罪感四　必须准确理解作者的观点和意见

负罪感五　不愿意在书上画线

负罪感六　有很严重的藏书不读问题

负罪感七　想看得快一点，可是又不愿意速读

---

你是不是也体会过其中一部分负罪感呢?

下面，就让我们将这些负罪感转化为"新常识"吧。

# 阅读新常识之一　只阅读自己所需的部分即可

书，不用全部都看完。

读到这里，可能那些对阅读有着刻板印象的人就会批判我。但是，浏览线上书店的评论区，最突出的就是那些与主题风马牛不相及的批评，也不知道写下这些评论的人有没有真的读过他们评论的那本书。

即便如此，大多数人还是会参考这些评论来确定要不要读这本书。如果能怀着更加轻松的心态，更加自由地阅读书籍的话，也就不用去参考那些不知真伪的信息了，任何人都无法左右你的决定。

你可以更加自由地选择适合你的书籍。

所以，让我们将负罪感转变为新常识吧。

负罪感一　必须从第一页读到最后一页，不能有任何遗漏

↓

阅读新常识一　只阅读自己所需的部分即可

除非是天才，估计没有人只读一遍就能 100% 理解作者的想法。更重要的是，越聪明的人越不会采用这种阅读方法。

头脑越聪明的人，越不会一字不落地读完一整本书。他们只会阅读自己需要的那部分，如此一来就能省去无用的时间，更加高效地阅读。

比如，心理学家 DaiGo 在其著作《操纵知识的超级阅读术》中提到，如果充分掌握了某本书所涉及的领域的基础知识，就能有效预测书中的内容，能够准确判断应该读哪部分。

再比如，前外务省主任分析官佐藤优在其著作《阅读的技法》中介绍了不看文字，浏览目录、页码，花五分钟时间翻阅整本书的"超速读法"。

你也一样，只要阅读自己需要的部分就可以了。

如果书里的内容，哪怕只是简单的某一行文字，能够让你有所触动、付出行动的话，那么就可以说这本书是非常有价值的。

而这本书之所以发挥了一定的价值，其原因不就在于书里的内容符合你此刻的心情，并推动你迈出了前进的一步吗？

即便目前对你没有起到任何参考或是帮助作用，但过段时间就会有所不同。随着时光流逝，也许你就会察觉到其中的奥秘，哎呀，原来那本书讲的是这个内容啊……诸如此类，有的书余韵悠长，让人后知后觉。

阅读过程中，遇到不懂的，不容易理解的，也无妨。

正是为了邂逅那些未知的、难懂的文字，才会有书籍存在。

"蔡格尼克（记忆）效应"，这是一个心理学术语，指大脑会不知疲倦地一直去寻找那些未知、难度大、未完成的事情的答案。

比起在阅读过程中觉得感动的文字，那些未知的内容才会在将来给你留下更加深刻且余韵悠长的感动。

## 阅读新常识之二　短时间＋边休息边阅读的效率更高

　　想要集中注意力看到最后，但总是不够集中。看书速度慢，看一本书要花好几个小时，而且通常情况下看了二十分钟就开始犯困……

　　没关系，注意力不够集中也无妨。归根结底，人原本就无法长时间地保持注意力高度集中。晚上睡觉前翻开书，书本变成安眠药是极其普遍的。

　　事实证明，人的专注力在十到四十分钟后就会自动降低。

　　所以，花再多的时间也是无用功。与付出的时间相比，收获是微乎其微的。

　　那么，就让我们将负罪感转变为新常识吧。

　　负罪感二　要读书，就必须专门腾出时间

↓

　　阅读新常识二　短时间＋边休息边阅读的效率更高

话虽如此，可还是想集中精力读到书的结尾……

面对有这种想法的人，我会推荐他们实践"番茄工作法"，即工作二十五分钟休息五分钟。这是由意大利人弗朗西斯科·西里洛开发的时间管理法。

阅读也是一样，看了二十五分钟书之后，稍事休息，这样的效率会更高。

夹杂着休息时间的随机学习，能够让学习效果成倍增加。

随机学习，也可以转化为"三分钟晨读"，这一方法在第二章中会有详细介绍。

另外，比起多次重复某一种方法，若能相互交叉多个方法，人就被迫要摈弃旧方法，采用新做法。如此一来，应对变化的能力会得到强化，个人的学习水平也会有所提高。

加利福尼亚大学洛杉矶分校著名的教授罗伯特·比约克以他的学生们为对象，进行了一项实验——"记住五十个人的名字"。实验过程中，给学生们一定的时间去记忆其中一半的名字，然后持续进行多次测验。剩下的一半名字，只给学生们看一次就进行了最终考核，不过在考核前又穿插了一节别的课程。也就是说，五十个名字中，有一半是花了很多时间的，剩下一半在记忆过程中增加了一定的障碍。

令人吃惊的是，在三十分钟后进行的最终考核中，学生们竟然能够回忆起后半部分 10% 左右的名字。

一般来说，大家的普遍认识中，进行速度、精度、频度、便利性等方面占据优势的练习，学习效果会更好。

的确，要记忆些什么或是掌握某些知识时，确实需要一定的时间。如果能在单次的练习时间内，只将注意力集中在某一项技术或知识的话，就能取得肉眼可见的成果。

但是，从某个时间节点开始，时间与成果的比例关系就会被打破，成长、进步也会达到极限。

在某一次的练习中，穿插多个事项，或是采用不同的方法，就能让学习效果事半功倍。

学习过程中，穿插其他有相关性的事项，称为"交叉"。

认知心理学领域中的交叉，意指在学习过程中穿插其他区别于主题但具有一定关联性的内容。

音乐教师从很久之前就将这种方法引入了课堂。在一节课中，将音阶练习、音乐理论知识的学习、乐曲练习等进行随机组合。

通过这种交叉，大脑应对意外事件或是未知事件的能力就会得到巩固和加强。

## 阅读新常识之三　记不住看过的内容也无妨，进行回想练习即可

　　总是有人希望读过一遍书就能把里面的内容牢牢刻在脑海中，永远都不会忘记……

　　但事实又如何呢？明明认真踏实地读了好几个小时，可完全记不住其中的内容，就连最开始那几页都复述不出来，想必大家都有过类似的经历吧。

　　不过，记不住看过的内容也无妨。既然如此，就让我们将其转变为新常识吧。

　　负罪感三　看完记不住书里的内容
　　↓
　　阅读新常识三　记不住看过的内容也无妨，进行回想练习即可

　　"能让人读完就忘记内容的书，或许记不住反倒是件好事。"

　　首先，怀着这种心情，保持放松，也是极为重要的。

记忆，分为长期记忆和短期记忆。

进入大脑的信息能否被保存下来，是由大脑中的海马体进行判断的。信息会从海马体被转送到大脑皮层并被保存下来。心情愉悦或是内心放松时，大脑中会释放出 θ 波，此时海马体就会保存相应的信息。

所以，与其给自己施加记忆的巨大压力，倒不如保持轻松愉快的心态，这样更有利于保存记忆。

除此之外，如果想牢牢记住，进行回忆练习就可以了。

事实上，这是有相应的科学理论的。华盛顿大学心理学教授亨利·勒迪格和他的团队展开过一项名为"检索练习"的实验，让一组被实验者将同一篇文章反复阅读四次，另一组被实验者只阅读一次，但要进行三次回忆练习。

几天后，对这两组被实验者进行追踪调查后发现，进行回忆练习的那一组远比另外一组记得牢。

刚看完书，却回想不起书里的内容，那是因为这部分记忆还没有成为长期记忆。

所以，一开始记不起书里的内容也无妨，只要进行回忆练习，就会收到"这里还不太理解""想不起来"等的反馈。

有时很难回想起来，不过想要努力回忆时，就会产生一定的情绪，而这种情绪就会成为你回想起书中内容的重要契机。

　　读过书之后，就试着先进行回想练习，确认一下自己记住了哪些吧。

　　如果是小说，就回忆一下对哪个情节的印象最深刻，当时是一种什么样的情感。如果是商业书籍或实用书，就列举两三个立马就能实践的事项。

　　诸如此类，在阅读书籍和回想练习的反复交叉中，就可以轻松地找到保存记忆的线索，慢慢地你就能回想起书里的内容了。

## 阅读新常识之四　比起作者的观点，找到对自己"有用的"内容更重要

　　所谓的读书，就是要准确地阅读其中的一字一句，正确理解并记住作者的观点……总有很多人对这一点深信不疑，同时又在苦恼自己"做不到"。

　　但是，在当今时代，这种担心已经稍显多余。

　　从脑科学和认知学的角度来说，正确理解并记忆作者的观点，是一件极高水准的事情。既然如此，那就将其转变为新常识吧。

　　负罪感四　必须正确理解作者的观点和意见

　　↓

　　阅读新常识四　比起作者的观点，找到对自己"有用"的内容更重要

　　伦敦大学的神经生物学家博·洛托曾说过，大脑记录的是"有用"的东西，并非"正确"的东西。

简单学习一下感知的机理就能明白，为了生存下去，我们的大脑选择记录有用的信息，而非正确的信息。

除此之外，斯坦福大学的心理学家戈登·鲍尔曾经研究过情绪差异会如何影响我们的记忆。

经过一番调查研究后鲍尔认为，所谓的回忆，并不是单纯地正确记录过去发生的事件，而是为了使当时的事件满足各自的世界观和利益，对当初的事件进行"高度选择"。

所以，你无须执着于"正确理解作者的观点"，而是去找到对你"有用的知识"吧。

# 阅读新常识之五　不用勉强自己非得在书上画线

那些介绍阅读方法的自我启发类书籍总是会强调在书上画线有助于记忆。用蓝色的笔画线、做笔记，甚至提到阅读时使用三色圆珠笔，标记上各种不同的颜色。在书上画线，的确能够提高阅读速度，对记忆阅读过的内容也是有帮助的。

但是，也有人并不喜欢在书上画线、做标记。

理由是希望不管什么时候打开书本，书上都是干净整洁的。再或者，有人觉得在书上写写画画太浪费了，做了笔记的书在雅虎拍卖和Mercari(日本的二手货售卖服务平台)上就不好卖了，毕竟有很多人会选择用卖旧书的钱再去买新书。

不在书上写写画画也无妨。既然如此，那就将其转变为新常识吧。

负罪感五　不愿意在书上画线

↓

阅读新常识五　不用勉强自己非得在书上画线

事实上，也有一种说法是在书上画线，只不过是给人一种已经读过了的错觉，但实际上并没有真正读懂。

脑科学家池谷裕二在他的著作《如何拥有优秀人才的学习脑》中指出了仅仅通过画线、贴便签等方式让自己产生已经完成阅读的错觉的危险性。

心理学中将"理解了""任何时候都能回忆起来"称为"流畅幻觉"，这种"幻觉"并不能起到巩固理解的作用，也不能长久。

当然，说这么多并不是说坚决不能在书上画线，这种做法也有它的好处。

在书上画线、做笔记，可以在大脑中留下"亲近感"。

如果你想要更轻松地记忆读过的内容，那么你也可以选择在书中画线。我会在第四章详细介绍在书上做注释都有哪些效果。

如果是喜欢书本永远都像刚买来时一样，始终保持干净整洁，那么我建议可以再重新买一本。

可能有人听了这话会觉得不高兴，但是既然这本书能让你想要再读一次，而且是像读新书一样再读一次，那花点钱给这本书的作者、出版社应援助威又有何妨呢？

再说了，好的电影、音乐剧、话剧看过一次之后觉得不过瘾，再花钱去看一次的观众是大有人在啊。

这样看来，书的性价比实在太高了。

不管看多少次，书都不会有什么大的磨损，内容也不会改变。

使用寿命超长。光一本书，就能翻来覆去看好多次。

随着时间的流逝，信息的新鲜度或许多少有些退化，可是书里的内容还能进入我们的视线，这件事本身就已经非常可贵了。

所以，在我看来，在书上写写画画，尽情把玩，如果日后又需要翻阅，那么再重新买一本就可以了啊。

## 阅读新常识之六　在找回心动的感觉之前，藏书不读也无妨

在书店看到想读一读就买来的书，在上司和朋友的推荐下买来的书，通过推特、Instagram 等社交网络了解到的书，获得日本书店大奖、芥川奖、直木奖后引起热议而买来的书……

与书籍的初见，形形色色。拿在手里的每一本书，都有属于它们的回忆。

但是，一旦真的到了想要翻开书看看的时候，又老是腾不出时间，只好闲置。

从刚买到书的那一刻起，想要翻开读一读的冲动就会慢慢淡化。等再过两周，买书之前的那种悸动早已消失不见，最终买来的书都成了摆设。看着那些买来没看的书，不知怎的内心又会充满了负罪感……

想必大家都有过类似的经历。

但是，即使藏书不读也无妨。

负罪感六　有很严重的藏书不读问题
↓
阅读新常识六　在找回心动的感觉之前，藏书不读也无妨

事实上，书籍只是单纯摆在那里就有一定的意义。

在书桌或是书架上摆满了书，只要每次看到书脊和标题，就会有信息传递到我们的潜意识中。

即便藏书不读，光是心血来潮地拿起书本，也会找回当时想要翻看那本书的冲动。

越是能灵活读书的人越能做到买来书之后立马就读。

我本人在大型书店买了很多书之后，一般在返程的电车、出租车上，就会全部看完。

买书的那一刻，是新鲜度最高的时候，所以养成买完书之后立即阅读的习惯也是极为重要的。

即便如此，还是会有人把书买来放着不读吧。如果你也是这样，那么可以试着再拿起这本书。

搬家或是改变家中布局时，整理房间时冒出来好多本书，心里想着"要不要扔掉呢"，随手拾起书翻开来，竟然出乎

意料地发现了对当下的自己非常有价值的内容，然后放弃扔掉的想法……我希望大家回想起来大概就是这种场景和当时的感触。

已然享誉全世界的著名收纳咨询顾问近藤麻理惠在著作《怦然心动的人生整理魔法》一书中提到，那些"无法让人心动的东西"完全可以扔掉。

不可思议的是，书这种东西，一旦再次拾起来，就能找回当初的心动感觉。只要再次翻开那本书，内心就会有想要读下去的热情。

藏书不读，绝非一件坏事。

买来没看的书，其实是一种证据，证明你曾经有过想要学习些什么的冲动。

不过，如果想要解决藏书不读的问题，就试着重新翻开那些书吧。

假如猛地翻开来，觉得书里的内容对自己有用的话，就可以把书留下来，反之就送给别人或是处理掉吧。

## 阅读新常识之七　用手指做辅助，既能看得快，还能有效地集中注意力

想看书的时候能看得快一点，可是又不想采用速读的方法，因为必须接受高难度的训练才能掌握速读，再者还不能彻底理解书中的内容……抱有这种想法的人应该不在少数。

近期出版的否定速读的书中引用了下面这样一种理论。

2016 年，加利福尼亚大学的研究团队从过去的 145 个研究数据中对"速读是否可行"展开了调查。该团队称，调查结果表明，"阅读的速度一旦提高，只是产生了完成阅读的错觉，对内容的理解度会有所下降"。

事实上，这篇论文中竟然出乎意料地没有提到有关速读的"脑波"。脑波对于学习是极其重要的，可是不知出于什么原因，这篇文章并没有提及这一点。关于脑波，在后续的文章中会有详细说明，但是在这里我希望大家能回想起一个问题。

在前面，我们已经介绍过新常识的部分内容，其中，在"阅读新常识之一 只阅读自己所需的部分即可"中讲到并不用把书一字不落地全部读完，"阅读新常识之四 比起作者的观点，找到对自己'有用的'内容更重要"中讲到比起"正确"的信息，大脑更倾向于记忆"有用"的信息。

没有必要从第一页一字不落地看到最后一页，而且比起正确理解作者的观点和意图，为了自己、立足于自身的需要去阅读，才是当下以及将来所需要的阅读新常识，即"新阅读方法"。

既然如此，那么即便是速读，只要理解对自己有用的那部分内容不就可以了。

虽然"速读需要接受高难度的训练才能掌握"，但是我们可以将这种认识转变为新常识。

负罪感七　想看得快一点，可是又不愿意速读

↓

阅读新常识七　用手指做辅助，既能看得快，还能有效地集中注意力

从很久以前开始，就有一种运用"眼球式训练"的速读法。

事实上，这种方法不仅仅是为了快速地阅读文字，还可

以有效地控制脑波。应该有很多人都知道 α 波和 θ 波对学习有帮助。

一般来说，脑波处于"日常清醒的状态"= α 波（8~12赫兹）、"彻底放松身心，使海马体保持活跃，获得灵感，记忆力、创造力、洞察力等得到有效提高"= θ 波（4~8赫兹）。

能力开发领域的世界权威——保罗·席列博士开发的"影像阅读法"（Photo Reading）也被用于基于眼球及呼吸的脑波控制领域。

席列博士在他的著作《10 倍速影像阅读法》中提到，当脑波在 α 波与 θ 波之间变化，是适合于学习的最佳状态（此论述只出现在原著中）。

这种脑波对学习来说是至关重要的。

前面提到的那篇论文，并未提及任何有关脑波的内容，所以我认为不必盲目轻信。不过，要想控制脑波，如果只进行很久以前的那种眼球式训练法的话，应该需要进行一个月以上的训练才行。

那么，究竟是否应该花费大量的时间进行眼球式速读的训练呢？答案是否定的。

经过我在自己的研讨小组中，进行为期一年左右的研究、调查之后发现，使用手指这一"导向器"，取得的效果与眼球式速读相当。

　　当然，使用手指的方法很久以前就存在。在国外，这一方法的效果也是获得认可的。快速学习的世界级大师吉姆·奎克在他的著作《无限可能：快速唤醒你的学习脑》中提到，用手指辅助阅读，可实现高速阅读。

　　我会在下一章中详细介绍这种将手指用作导向器的方法。

　　读书速度慢，很难提高阅读速度的人，一定要尝试用手指辅助阅读的方法。

# 阅读，帮助你掌握五种能力

到目前为止，我们共同验证了阅读的负罪感。

不知大家是否缓解了负罪感，找回了一些阅读的自由呢？

在这种状态下阅读，会让我们具备一些能力。

正是以下这五种能力：

①具备看清信息"真相"的能力，结构性地了解事物的框架

②掌握"深入"思考事物的能力

③具备"相信"自己的能力，自我肯定感得到有效提升

④通过与作者"共振"，拥有多元化的"价值观"

⑤使自己"进步"，创造出新的想法并付诸实践

这五种能力可以让你形成不同于过去的价值观,成为"全新"的自己。接下来让我们按照顺序详细讨论一下这五种能力吧。

① **具备看清信息"真相"的能力，结构性地了解事物的框架**

通过阅读，可以让我们掌握看清信息真相的能力。

书籍中承载的是比网络报道、社交软件等信息媒体更加正统、正规的信息。

而且是作者经过数十年探究事物的本质，并想要将其传递给读者们的成果。

平时多多接触这种信息，就会形成一种能够轻松掌握"信息的本质究竟是什么"的状态。

不仅如此，为了避免读者在阅读时产生晦涩难懂的体验，作者和编辑在逻辑、结构上费尽心思，尽量做到通俗易懂地传达他们的观点。

因此，通过接触这类信息，很轻易地就能把握社会的构造及框架。最终在玉石混淆的海量信息中，读懂其中的真意，不会被蒙骗。读的书越多，越能保护我们自己。


② **掌握"深入"思考事物的能力**

书籍可以为我们提供深入思考些什么的契机。

加利福尼亚大学洛杉矶分校阅读障碍、多元学习者和社会正义中心主任玛丽安娜·沃尔夫在她的著作《升维阅读：数字时代下人类该如何阅读》中提到，阅读会影响大脑的可塑性，培养深入思考的能力。

书籍会让我们发觉那些过去我们并未察觉到的有关于自己的执念、周围人、社会以及世界的东西，并给予我们加深这些思考的契机。

与作者所表达的意见产生共鸣，或是被鼓励、被触动。有时，可能还会产生抵触和抗拒。

思维方式发生变化，阅读方法就会有所改变，从而使思维方式得到进一步深化。然后阅读方法发生变化，思维方式又会有所改变，亦会被深化。在这样的循环中，思考变得越来越深刻。书籍，给予我们深化事物的力量。


③ 具备"相信"自己的能力，自我肯定感得到有效提升

书籍会给予你自信。

当你被某个问题所困扰时，通过询问书籍，也许就会找到化解烦恼和问题的思路。

不经意间，在书店看到并随手拿起的一本书，随意地翻开其中一页，恰好写有你需要的信息。不知大家是否有过类似的经历——你所烦恼或思考的东西，变成书中的一句话映入眼帘……

这一句话，将会转化为你的自信，你会发现，原来这本书的作者和自己有着相同的思考。

更关键的是，当阅读了大量的书籍之后，你的心中就会产生众多作者都还没解决的问题。而这些新的问题，将会带领你走向更高的地方。

④ **通过与作者"共振"，拥有多元化的"价值观"**

阅读最大的好处之一，就在于能够体验作者的经历。

要体验他人的经历，就需要站在他人的视角，产生与他人相同的情绪。在这一过程中，能够获得多种多样的观点和思路。

最终，借助作者获得的经历、智慧以及看待事物的观点，使自己的世界观获得延伸。

除此之外，如果能被书本这一他人视角所触动，那么慢慢地就会被很多事物所感动。

如此一来，就能接受很多不同的人的意见，并与他们的情绪产生共鸣。

如果能试着吸收他人不同于自己的观点，就会发现"原来还有这种看法啊""原来还能这样思考啊"，从而找到新的生存之道。


⑤ 使自己"进步"，创造出新的想法并付诸实践

开始看书后，慢慢地会有很多好事发生在你的身上。

结合输入到你的大脑的信息，就会产生新的构思。

实例之一就是能够轻松地提出大量新的想法。

如果进行大量的输入，我们的大脑就像是一个水杯一样，装满了大量的水，渐渐溢出水杯。

持续不断地接收书中的信息，使得水杯盛满水，甚至快要溢出时，信息与信息之间容易形成多样化的联系。阅读大量书籍，可以成为不断衍生出新思维、新构思的契机。


希望大家通过阅读掌握这五种能力。

这些能力会成为在将来的新时代生存下去的可靠力量。

从下一章开始，我们将正式介绍新阅读方法的具体做法。

**第二章**

锻炼创新能力、提高素养的新阅读方法

# 阅读前的小建议！使大脑保持活跃的简单习惯

"为自己而读"的才是新阅读方法……

比起正确的信息，大脑更侧重于记忆"有用"的信息。所以，没必要从头到尾一字不落地全部读完。读多少次都无妨，也可以反复阅读……这是在前一章向大家介绍过的内容，还进一步介绍了当今社会以及将来所需的"阅读新常识"。

那么接下来，我想具体地介绍一下新阅读方法，即在序章介绍过的可以锻炼创新能力、提高素养的阅读方法。

当然，没有要求让大家全部都做到。希望大家能够自由地选取对你自己有益的部分，开始属于你自己的新阅读方法。

在进入具体内容之前，请允许我先介绍一下在开始阅读或是学习之前，有助于提高效果的方法，即下图中的四个方法。

## 提高阅读效果的基本行为

喝一口水

深呼吸

感受阳光

调节室内温度

※ 夏天 24℃，冬天 22℃为宜

喝一口水。

深呼吸。

走到窗边，感受阳光。

调节室内温度。

或许会有人追问："光凭这几个动作就能提高效果？"

事实上，这几个行为看似毫无关联，却能提高我们的学习效率。

这与人类的大脑机能有着密不可分的关系。

我们的大脑可以分为三重结构。为了解释说明复杂的大脑机能，1967 年美国国立精神保健研究所的保罗·麦克林提出，达尔文的进化论适用于人类的大脑，即"脑的三位一体"理论。

简单说来，就是随着人类的进化，大脑可以分为三层。

包含位于大脑最深处的脑干、小脑、基底核的部分，称为"爬行动物脑"，因为爬虫类动物也有着几乎相同的大脑。"爬行动物脑"主要负责平衡感、呼吸、消化、心脏跳动、血压等作为动物的基本功能。

## 脑的三位一体与被称为第二大脑的肠道

脑的三位一体

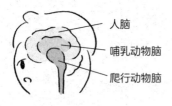

人脑
哺乳动物脑
爬行动物脑

第二大脑——肠道

90% 的幸福物质"血清素"、50% 的奖励性物质"多巴胺"都在这里生成

接下来，位于爬行动物脑中大脑基底核等外侧的是大脑边缘系统，与间脑合称为"哺乳动物脑"。这里有生活在社会集团中的哺乳动物也拥有的，负责长期记忆和短期记忆的海马体、控制情绪的杏仁核、由脑干将信号投射至大脑皮层的大脑中枢——丘脑以及调节生殖功能的下丘脑。因此，这部分大脑掌管记忆及情感等。

最后，是"人脑"，也是大脑皮层中的新皮层，负责思考。在此基础上，近期的研究成果表明，犹如第二大脑般重要的是"肠道"。肠道与大脑的关系，被称为"脑肠关系"。事实上，生物中最早形成的器官就是肠道。

因此，大脑也是按照肠道→爬行动物脑→哺乳动物脑→人脑这一顺序逐渐进化，并保持活跃的。被称为人体第二大脑的肠道与爬行动物脑，关联着生理性欲望。另外，90%的幸福物质"血清素"和50%的奖励性物质"多巴胺"都在此处生成。

正因为如此，首先满足肠道和爬行动物脑的水、光以及心理上的安全变得至关重要。

# 这个习惯有助于提高认知效率

那么，在开始阅读前，先喝一口水吧。

单纯只是喝一口水，就能提高认知效率。

东伦敦大学与威斯敏斯特大学的研究人员发现，在进行认知作业之前，饮水约 0.5 升的人比没喝水的人的反应速度要快 14%。以口渴的人为比较对象进行实验的话，更有效果。

大脑的 80% 由水构成。水分不足对大脑的影响，会造成激素分泌不均衡。因此，少许的水分不足，就会让我们的认知效率大打折扣。

呼吸时，要将注意力集中在丹田。

丹田位于肚脐下约三指处，将注意力集中在丹田，用嘴慢慢吐气，然后通过鼻腔缓缓吸入空气。吐气、吸气为一组，一分钟内做十组以下，连续做四到六分钟，脑波就会发生变化，意识力、集中力都会有所提高。

关键点在于吐气的时间要和吸气的时间保持一致。建议大家从这个练习做起。

接下来，请走到窗边，感受阳光的温度吧。事实上，沐浴阳光，可以在人类体内生成维生素 $D_3$。

众所周知，维生素 $D_3$ 有助于提高免疫力。除此之外，如果血液中的维生素 $D_3$ 能保持较高浓度，就能让我们拥有正常的认知机能。

另外，美国哥伦比亚大学遗传发展学教授热拉尔·卡若芬替发现，骨骼中分泌出的一种名叫骨钙素的物质有助于提高记忆力。

补充和生成维生素 $D_3$ 时能分泌出骨钙素。

就像植物的光合作用一样，人类可以通过沐浴阳光，生成对身体有帮助的物质。

单纯只是调节室温，保持适宜温度，就能使学习效率有所提高。

但是，适宜的温度，因人而异。由于女性的基础代谢通常低于男性，所以更容易感觉到冷。另外，因为受到季节和气候的影响，要明确一个正确的温度，是很困难的。

我在举办研讨会和研究会时，要提高参与者的注意力，或是活跃现场氛围时，都会有意地关注当时的室温。根据我的经验来说，夏天24℃，冬天22℃，湿度保持在40%左右较为适宜。

以此为基准，将温度调低1℃到2℃，人会变得冷静，处理事务的能力以及集中力都会有所提高。相反的，将温度升高1℃到2℃，该环境下的沟通交流就会变得活跃起来。

# 决定一整天的"三分钟晨读"

有一个简单的方法能够改变我们看待事物的观点，提高创新能力。

那就是早晨起床后，花三分钟时间去看一本书。

即便是再怎么不擅长阅读的人，应该也能阅读随手翻开的一两页吧。我想哪怕是整天忙忙碌碌、没有空闲时间的人，阅读闯入视线的一两句话总归还是可以做到的。

阅读的三分钟时间内，不需要你去理解整本书的内容。

拿起选择好的一本书，心中默念"希望今天是美好的一天，请给予我一些提示吧"，然后阅读随意翻开的那一页，仅此而已。

早晨起床后，立刻这样做。就是这样一个简单的行为，就能从翻开的那一页意外收获提示。

这是有科学依据的，是对认知心理学常规实验的结论——"清晨看到的信息，可以决定一天的大部分情绪"的应用。

如果早晨看到的是负面信息，那么那一整天就会过得很糟糕。这一点，是在认知心理学的各种实验中得到证实的。

既然如此，把早晨接收的信息换成能对你起促进作用的信息不就好了。

起初，我独自秘密地进行这一行为，是只属于我个人的经验。

在那之后，我与线上读书沙龙的一百多名同仁共同展开了这项实验。没想到，竟取得了意外的效果。

当然，并不是一百多名同仁都能保证每天完成三分钟阅读，但坚持下来的二十多名朋友，却迎来了巨大的变化。

而且根本不需要坚持一年。只要坚持三天，就能体会到自身的变化，坚持一周就会出现令人不可思议的共时性（Synchronicity，对一种神秘的"巧合"的解释，如你做了个梦，一段时间后发现梦境里发生的事在生活中真实发生了，有些是类似的，有些则完全相符）。

然后坚持一个月，就会发生在开始三分钟晨读之前根本无法想象的不可思议的事情。

众多朋友发来了晨读后自身变化的好消息……

没想到早晨看到的那几个词、几句话，会在那一天回想起很多次，慢慢地就印在脑海中了，在我看来，这是一种看似短平快但很丰富的阅读方法。（医疗工作者 S.F. 先生 /80 后）

把早上晨读的内容讲给丈夫听，慢慢地夫妻关系也变好了许多。（文员 T.M. 女士 /80 后）

收获了课题的灵感，商谈的方法和业务指示都有所改进，成果开始逐步显现。（事业开发人员 村上英范先生 /70 后）

三分钟晨读，我选择出声朗读，脑海中涌现出工作上的新思路。（大型饮料生产企业管理层 S 先生 /60 后）

藏书不读的负罪感消失了。随手翻开的一页，成了门店经营的参考意见，现在店里生意非常红火。（和果子店老板新富哲郎先生 /60 后）

说实话，这让我非常意外。

过去，光为买书我就花费了数千万日元，每年要阅读三千多本书，一直以来我都认为还是要理解书中的内容，而为了要理解其中的内容，把握书的整体思路就变得至关重要。

但是，这种看法是错误的。短短三分钟，阅读就能改变我们看待事物的观点，甚至改变我们的人生。

因此，要想改变人生，没有必要读完一整本书。

不用理解作者的观点和思路，也没有必要完全理解书中的内容，这样是完全 OK 的。

当然，如果在"三分钟晨读"中看的是一些惊悚或是猎奇的书籍，那么肯定会受到一定的负面影响，所以请大家务必多加注意。

建议大家从实用书或是商业书籍等能够具体地帮助到日常生活的题材开始读起。当然，如果习惯了的话，也可以尝试一下小说。如果看的是小说，那么小说中的情节很有可能就会在现实生活中真实上演。

那么，你也赶快开始三分钟晨读吧。

因为，这一简单的练习就可以改变你的人生。

如果养成了三分钟晨读、触摸书本的习惯，就慢慢延长阅读的时间，加深与书本的交流吧。

# 随手翻阅的三分钟阅读法，让阅读变得更顺畅

人类的大脑结构决定了人只要满足生理需求和心理安全，就能保持冷静，因为这一章开头提到的爬行动物脑和哺乳动物脑获得了满足。

阅读的时候也是一样，有了踏实感就会产生继续读下去的想法。

但是，这里有一点需要大家多加注意。

即作者的观点是如何让读者感到惊讶的。尤其是序言和目录，作者和编辑会有意识地使用一些使读者产生好奇心或是诧异的文字。

读者一旦看到这些文字，就很难摆脱，进而产生紧迫感，或是感受到犹如被盘问一般的压力，因此感到这本书晦涩难懂，最后放弃继续阅读。

即使勉强自己坚持读了下去，也无法转化成自己的语言讲述给他人。

这是爬行动物脑和哺乳动物脑受到惊吓，在还没恢复初始状态就进行阅读的结果，最终人还会心情烦闷，内心充满负罪感。

正因为如此，在最一开始就需要我们试着随手翻阅书籍，然后花三分钟时间去阅读不经意间翻开的那一页。

如果在随意翻阅时，体会到了"原来如此啊"的顿悟感或是遇到了让人心潮澎湃、对自己有促进作用的信息，以及看到了能让人感叹"没错""原来如此"的信息，那么读者就会对这本书产生熟悉感和亲近感。如果还能体会到"真有趣""好厉害"等，那么就会产生继续读下去的冲动和欲望。

当然，随意翻开的那一页，也有可能是一些让人不禁感叹"哇！""咦？"的具有冲击性的信息。这时，可能就无法立刻接纳这些信息，或是产生了"这本书真不好看"的想法。

希望一直以来不太擅长阅读的人，或是阅读后记不住内容的人，一定要尝试着实践这一练习。

你的爬行动物脑可能在受到惊吓后，一直处于萎缩、逃避的状态。那么，今后就采用随意翻阅的三分钟阅读法找回久违的踏实感吧。

## 随手翻阅的三分钟阅读法

# 一秒看一页！用手指做辅助的极限阅读

数字社会下，阅读方法已经发生了翻天覆地的变化。这一点，在第一章已经介绍过了。

比起从第一页一字不落地读到最后一页的直线型阅读方法，阅读时有意地串联书中的关键词，要更加有效。

比如，对角线阅读法就可以跳过无关痛痒的内容。

除此之外，再向大家推荐一个可以提高阅读速度的方法，即用手指做辅助的阅读方法。

将食指轻轻放在书上，用手指轻轻拂过书中的一行行文字，视线就会跟随手指的移动而移动。

说到手指的重要性，只要看看工厂里的维保员或是车站的工作人员就一清二楚了，这些岗位多利用"指差确认"视线确认工作的可视化。

不仅仅是擅长阅读的人，那些不擅长阅读的人借助手指看书的效果也是很好的。

只要将手指放在翻开的书本上，快速地移动即可。

将食指放在某一页的中间位置轻轻滑动，然后翻到下一页。只是这样一个简单的动作，就可以接收到很多碎片化的信息。如果是竖版书，就将食指从翻开的右页横向移动到左页，然后翻到下一页。

如果是横版书，就从翻开的左页由上至下，再移动到右页的上半部分，再次由上至下，按照 S 形移动手指，然后再翻到下一页。

对实践这一方法时，关键在于快速移动手指的过程中，什么样的关键词会引起你的注意。

将像残影一般遗留在脑海中的词句联系在一起。一边在脑海中将吸引你的关键词串联起来，一边继续阅读。

这种阅读方法叫作"极限阅读"。

一秒看一页，将变为现实。

如下图所示，这种极限阅读中，食指的移动方法共有三种。下面按顺序进行说明。

## 手指速读——新干线速度

第一种，是前面提到的那种快速地横穿式，如图①。像乘坐新干线时一样，抓住残影。采用这一方法时，关键在于目的。

脑海中始终牢记"为什么而读""对自己的哪方面有用"，眼神只需去追逐在这种目的的指引下引起你的注意的词句。

比如，乘坐东海道新干线时，假设"想看看富士山"，如果是要去新大阪，就要多关注右侧的窗户。从东京出发，经过品川、新横滨、小田原，期待的风景逐渐就会出现在右侧车窗外吧。

当然，这种情况下也会被其他东西吸引了注意力——以新干线为例，望着右侧车窗外，行驶到静冈时，就能看见成片的茶园，也许就会想到"真想喝杯茶啊"；到达名古屋时，又会发出"想去名古屋城看看""想尝尝蒲烧鳗鱼拌饭啊"之类的感叹……如果出现了这种想法，也可以考虑由高速的新干线改为图②或图③。

## 用手指做辅助的极限阅读

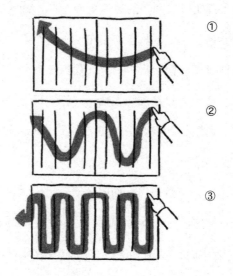

①

②

③

### 手指速读——普快列车速度

如果想采用比新干线的速度稍慢一些的阅读速度，那么就可以换乘普快列车。如图②所示，普快列车的速度是用手指以段落为单位自上而下地阅读。

比如静冈县的茶田和滨名湖，乘坐普快列车就能以比刚才稍慢一些的速度去欣赏从名古屋到京都沿途的风景。

### 手指速读——徒步速度

如果想比普快列车的速度更慢一些，好能尽情享受沿路的风景，那么也可以从喜欢的车站下车，改成徒步。在周围走走，或是租一辆自行车骑行，用自己的双脚去丈量、去探索，"去富士宫参拜浅间大社""悠然自得地饮一杯茶"。等到了名古屋，又可以"去名古屋城""尝尝蒲烧鳗鱼拌饭"，总之有很多值得一去的地方。

极限阅读也是一样。如图③所示，用手指以行为单位去阅读。如果想再慢一点的话，那么也可以仔细阅读那一部分。以目的为导向，寻找对自己有用的内容即可。当然，也可以先以新干线速度浏览全文，然后再返回以徒步的速度仔细阅读。


要想真正地掌握这种手指速读法，是需要一定的训练的。用理性的阅读方法验证由关键词串联起来的内容，是极为关键的。关于这一点，将在第三章中详细说明。

一旦掌握了这种方法，完全可以实现一秒看一页，两百多页的商业书籍在短短几分钟内就能全部读完。如果是小说，估计三十到六十分钟就能读完。

要想理解作者的思想，只需在阅读时关注"粗体字""汉字"即可。阅读商业书籍、实用书、随笔等时，或者阅读畅销书时，可以试着关注其中的汉字或是粗体字。

一般来说，作者和编辑都会采用加粗的方式突出内容中的要点。

这时，也许就会有人产生疑问："那关注汉字又是什么意思呢？"

为了做到通俗易懂，越是心思细腻的编辑做出来的书，越会在遣词造句上花费心思，力求每句话中的汉字、平假名、数字以及字母保持平衡。

我们试着提炼稻盛和夫先生的著作《活法》中的汉字吧。

**想成大事，就要做靠自己就可以熊熊燃烧的自燃型的人，我将其称为"自我燃烧"。**

从这句话中可以提取出"大事""自燃""自燃型""人""我""称为""自我燃烧"等汉字。因此，这句话中的重点在于"自燃型"。

就像这样，在一句话中，汉字要比平假名更显眼，所以只要读懂这些汉字，就能理解作者以及编辑的思想。

话说回来，不适用于只读汉字的阅读方法的正是一些专业书籍。

镜像神经元的发现，昭示了重新构建意念运动适应性原理的可能性。在共通的表征领域中，这种机制并非与抽象的感觉通道毫无关联，而是将视觉信息直接转化为了潜在的运动行为。

这段话摘自神经生理学者贾科莫·里佐拉蒂与科拉多·西尼加利亚共同创作的《镜像神经元》。此次创作也参考了这本书的一部分内容，但是书中的汉字实在太多了。如果只关注汉字的话，就会遇到"意念运动适应性""感觉通道""潜在的运动行为"等术语，可是又不知道这些术语的含义，最终被这些词语打断思路。

如果思路被打断了的话，那么先跳过，之后再回过头静下心来客观理性地阅读这部分内容就可以了。

这时，比起花时间客观理性地研究那些晦涩难懂的内容，快速阅读要重要得多。

# 随机地采用各种不同的阅读方法，更有助于加深记忆

人类的大脑喜欢新鲜的事物，充满了好奇心。

大脑不断地对某些新鲜的事物产生反应，从人出生到死亡，始终都在学习、变化着。只不过，这个机能也是一把双刃剑。

如果没有新鲜的经历，固化为同一种做法，那么大脑也会被固化，很难改变。

正是出于这个原因，比起一鼓作气地学习，间歇式学习或是不断调整方法的学习，更能留下深刻的记忆，学习效果也更好。

阅读也是一样，比起一口气读完，间歇式阅读或是不断改变方法，随机地采用多种阅读方式，更能加深印象，效果也更好。

阅读的方法是多种多样的。

前外务省主任分析官佐藤优先生在《阅读的技法》一书

中提到了很多种方法。

比如，他将书籍大致分为三类，即"简单易读的书"、"需要花费一些时间的书"以及"需要大量时间的书"。

书中还介绍道，速读可以帮助我们剔除那些没必要阅读的书籍，而且速读可以分为三十分钟读完一本书的"普通速读"和不去看文字、五分钟就翻阅完一本书的"超级速读"。

除此之外，还提到了几种熟读的方法，比如仔细阅读书本中间的那几页，或者阅读时用自动铅笔做记号，再或者圈出书中的部分内容，将其誊写到笔记本上。

就像这样在学习过程中不断调整方法，才能取得显著的效果，而这一点也已经在脑科学的研究中得到了证实。

资深科学作家本尼迪克特·凯里在《如何学习》一书中提到，简单的重复式学习反倒是效率极差的一种方法。

在第一章"阅读新常识之二"中，我们讲到在单次练习中，穿插多个事项，或是采用不同的方法，就能让学习效果事半功倍。这种分散式学习的过程中，不断变化方法学习，留存记忆线索等做法，更加符合大脑的运行机制。

对角线阅读、跳跃式阅读、以页为单位阅读……试着改变一下阅读方法吧。

在实践变换方法式阅读之前，有意识地关注本章一开始提到的大脑的三位一体，做几次深呼吸，摄入一定的水分等等，满足生理需要也是极为关键的。

另外，就像"随手翻阅的三分钟阅读法"中所讲到的那样，找到那些能发出"原来如此""的确"等感叹、激励自己、让自己有所触动的词句，满足肯定需求之后再开始实践变换方法式阅读也是很有效的。

不过，要是在三分钟等短时间阅读后，感觉自己并没有理解其中的内容，那么建议可以采用满足理性大脑的方法进行确认。满足理性大脑的阅读方法，在第三章中会有详细介绍。

这里先简单介绍一下为了实现变换方法式阅读，前面提到的阅读方法中效果相对较好的几个方法吧。


·对角线阅读：以对角线的方法阅读翻开的某一页时，仅仅深入阅读你比较感兴趣的部分

·跳跃式阅读：只阅读自己有需要的信息，不需要的部分就直接跳过

·以页为单位阅读：不去看具体的文字，阅读翻开的一整页，然后就翻到下一页

·有目的的阅读：带着目的去看书

·尺子阅读：用尺子比着，仔细阅读

·三色阅读：看书时，在客观且重要的内容下画上红线，在客观但重要度稍低一些的内容下画上蓝线，在主观且重要的内容下画上绿线

　　虽然这里列举的只是很小的一部分，不过还是希望大家能尝试着去实践那些激发你直觉的方法。

**第三章**

锻炼逻辑思考能力，让人变
聪明的新阅读方法

# 聪明，分为"学力系"和"社会系"两种

提到"聪明人"，大家脑海中会浮现什么样的形象呢？

一般来说，大致可以分为以下两种：

· 在学校考试中拿高分的人

· 进入社会后，高情商、高智商、有素养的人

认知心理学认为，在学校考试中拿高分的聪明是"理性"占主导优势，进入社会后才得以发挥的智慧是"本能"占主导优势。

也就是说，在正确与否上讲究的是"理性"，能否创新考验的则是"本能"。这一点，是建立在认知心理学学者丹尼尔·卡内曼的理论之上的。

丹尼尔·卡内曼将人的思考分为，快思考的"系统1"和慢思考的"系统2"。

虽然至今仍有"左脑逻辑思维和右脑创新思维"的说法，但这已经是过去式了。现在，心理学更加关注大脑的部位，"思考"过程中的"本能"及"理性"变得更为重要。

在不可预知的未来，需要我们能够灵活运用这两种思考过程，可能理解起来还是有一定的难度，所以我们以"本能君"和"理性君"的拟人化形式来解释这一概念吧。

"本能君"古灵精怪，是个淘气包。

不管看到什么，都会充满好奇，下意识地直接凭直觉行动。认知心理学中，将其称为快思考、系统1。

"理性君"习惯追求准确性，是个谨慎派。

"这个对不对，是不是搞错了"等，谨慎地寻找正确答案。认知心理学中，将其称为慢思考、系统2。

这种机能，如果不接受专项训练，一般来说都是"本能"或"理性"中的某一者占据主导地位。

如果你是那种行动派，想到什么就直接去做的人，那么肯定是"本能君"占据主导地位。反之，如果你是遇事先问对不对，追求准确性的人，那么肯定是"理性君"占据了主导地位。

# 阅读可以同时锻炼"本能君"和"理性君"

在序章中，我们讲到当下社会类似于进入一流大学，入职名企，度过悠然自得的晚年的"标准答案"已然崩塌。

过去，只有"理性君"的聪明才智才会获得大众的认可。

但是，从今往后，比起掌握"标准答案"，能提出"新的疑问"才是真正的大智慧。为了拥有这种大智慧，"本能君"与"理性君"缺一不可，同样重要。

越优秀的人，越能让"本能君"与"理性君"保持良好的关系。当"本能君"与"理性君"找到平衡时，遇事就能顺畅地做出决定。

## "本能君"与"理性君"同等重要

**"本能君"**
想到什么就做什么的行动派

**"理性君"**
确认正确与否再行动的谨慎派

如果能在理性地提出"这样做对吗"的疑问时，本能地决定"先干了再说"，那么决策效率就会大大提高。同时，也能理性地说明直觉认为"这样比较好"的事物究竟好在哪里。

要想形成这一状态，同时锻炼"本能君"和"理性君"就变得尤为重要。

英国牛津大学的心理学家伊莱恩·福克斯也曾强调过直觉与理性的重要性。他提到"脑区的'大脑中枢'与位于大脑皮层的'控制中枢'，一个对人类的行为起促进作用，另一个对人类的冲动行为起抑制作用，这两者的力量关系是极其微妙的。如果能找到这两者间的平衡，就能有效促进我们朝着幸福和乐观迈进"。

要锻炼本能要素，就要提早接触多种新鲜事物，从中发现些什么，始终保持充足的好奇心。

要锻炼理性要素，就要使用逻辑和数字，学会深入思考。

有一个效果最好且能够同时锻炼"本能君"和"理性君"的方法，那就是阅读，特别是本书所介绍的新阅读方法。

事实上，第二章中提到的"三分钟晨读"和用手指做辅助提取关键词的阅读方法等，都是提高直觉型快速思考能力，锻炼"本能君"的阅读技巧。需要再次强调的是，关键不在于直觉与理性中的某一者，而是兼顾两者。

那么，在这一章中就来介绍一下能够锻炼"理性君"的阅读技巧吧。用理性去支撑和辅助第二章中学到的本能型新阅读方法。

在前一章介绍的本能式阅读方法的基础上，再加上这种理性的阅读方法，最终就能使"理性君"和"本能君"保持良好的关系。

# 找到"作者的疑问"的三个步骤

"只有理解了作者的观点，才是真正的阅读。"

越是这样想的人，越是对理解作者观点的必要性坚信不疑，到最后反倒什么都没理解。

话虽如此，理解作者的意图、观点对锻炼"理性君"也是有帮助的。但是，并不建议大家眉毛胡子一把抓，从第一行一字不落地读到最后一行。

理解作者的观点，需要我们从找到"作者的疑问"开始做起。

观点之前，必然有作者的疑问。

原因就在于，如果是要原原本本地传达社会中一般性的常识或概念，作者也没必要费心费力地写一本书了。

作者就是为了传达、介绍自己的新理论、新学说，才会创作出一本书。

而在形成新理论之前，应该存在一定的冲突或矛盾。

不妨遵循以下三个步骤去寻找作者的疑问。

步骤1：阅读书籍的封面和腰封

步骤2：确认作者的简历

步骤3：关注"所谓"，从"序章"和"结语"入手寻找作者的疑问

为了让书籍畅销，编辑与作者大多会将要传递的信息体现在书籍的装帧上。书店里，琳琅满目的书籍中，哪一本会得到读者的青睐，90%都取决于书籍的封面（以及腰封）。所以，这两处会承载大量的信息。

比如，我们来试着分析一下瑞士的实业家罗尔夫·多贝里创作的《清醒思考的艺术——你最好让别人去犯的52种思维错误》。

这本书（日文版）的封面以及腰封上除了"清醒思考的艺术"之外，还出现了"最新学术研究""人生巅峰""思维方法""复杂的世界""瑞士的畅销作家""心理学""哲学""投资家""52种思维方法"等词语。

再看看背面，刊登的是电视主持人、哈佛大学医学部名誉教授的推荐文。光是看这些，就能收获很多信息。

**《清醒思考的艺术——你最好让别人去犯的 52 种思维错误》的封面（腰封）中含有哪些信息？**

最新学术研究理论指引你走向人生巅峰的思维方法

# 清醒思考的艺术
你最好让别人去犯的 52 种思维错误

罗尔夫·多贝里——【著】 安原实津——【译】

## 指引你在这个复杂的世界生存下去的明灯

学习心理学、行为经济学、哲学、
投资家、创业家的思想

瑞士的畅销作家使出浑身解数，总结出改变未来的"52 种思维方法"。
在全球 29 个国家引起热议！著作总销量突破 250 万册！！
"见识的宝库！"
艾里斯·博内特（行为经济学家、哈佛大学教授）
Sunmark 出版社　定价：1800 日元 + 税

下面一起来看看作者的简历。


罗尔夫·多贝里
作家、实业家

　　1966 年生于瑞士。毕业于瑞士圣加仑大学。现居瑞士伯尔尼。在接连担任瑞士航空公司旗下多家子公司的最高财务负责人、最高经营负责人之后，创立了世界上规模最大的商业书籍线上图书馆——益得书摘（getAbstract）。从 35 岁开始执笔写作，在德国、瑞士等多家报纸、杂志上开设连载专栏。著作《清醒思考的艺术——你最好让别人去犯的 52 种思维错误》（Sunmark 出版）荣登德国《明镜》周刊畅销书排行榜首位，引起热议。本书在德国的销量突破 25 万册，被翻译为全球多个语种，畅销 29 个国家。著作总销量突破 250 万册。


　　看了作者的简历，我们可以得知这是一位瑞士的实业家，也是一名畅销书作家。在简单了解作者是个什么样的人之后，大致就能推断出后面的正文里会出现什么样的内容。

　　由此，可以想象"利用最新的商业书籍、心理学、哲学以及投资知识，将如何讲述成功的人生呢"……

## "所谓"是最重要的词语！可以了解作者的疑问和观点

要想找到作者的疑问，只要寻找"所谓"这一词语即可。

大家可能会觉得很意外，但"所谓"是一个非常重要的词语。虽然是个很不起眼的词语，但尝试着关注"所谓"，就能看清作者的疑问。

"所谓"，表示定义。通过这个词语，就能了解到作者是用现成的定义，还是阐述自主理论进行再定义。

一起阅读"前言（序章）"和"结语（终章）"学习一下作者是如何使用"所谓"一词的吧。

还是以《清醒思考的艺术——你最好让别人去犯的 52 种思维错误》为例。

从上古时期起，至少早在 2500 年前，我们人类就在不断思考所谓的"成功的人生"究竟是什么样的。

突然用了"所谓"一词。"所谓"的后面紧接着就是"成功的人生",由此可以推测出作者将在这本书中围绕何为"成功的人生"这一问题展开讨论。

接下来,又出现了这样一个疑问。


生而为人,追求幸福,是人之常情。

那么,为了拥有幸福,应该如何活着呢?所谓的"成功的人生"又需要具备哪些条件呢?运气和金钱,又有多重要呢?


可以看出,针对"成功的人生"的疑问仍在继续。

看过"前言"了,下面再读读"结语"。


在开始围绕"成功的人生"进行创作之后,很多人都来找我询问,所谓的"成功的人生"究竟为何物,应该如何定义。


从这里可以看出,作者的疑问依旧与"成功的人生"有关。

通过阅读作者的疑问,就能找到作者的观点在书中的什么位置。

当然，要想完全理解整本书，还需要理解作者为了回答这个疑问所采用的理论以及参考文献。

除此之外，还应该仔细严谨地验证作者的观点。

让我们先去寻找作者的疑问，然后找到作者又是如何解答这一疑问的吧。

# 可以实现理性阅读的 PREP 法

刚才我们讲到阐述定义的"所谓"一词能帮助我们找出作者的"疑问"。

下面介绍一下先思考纲要，边预测边阅读的输出型阅读方法。

有一种名为 PREP 法的输出式思考框架。

即观点（Point）、理由（Reason）、案例（Example）、结论（Point）的模式。

在这个方法的指导下，阅读"前言""目录""结语"，就能理解书本的大部分内容。

首先，从作者的疑问推测观点。以《清醒思考的艺术——你最好让别人去犯的 52 种思维错误》为例，我们可以预测出书中的观点（P）与"成功的人生"有关。

其次，是理由（R）。既可能出现在"结语"中，也可能贯穿整本书。

再次，是案例（E）。一般来说，案例只需三个左右就足够了。"三"是大脑在显意识下可以识别、容易记忆的数字。"七个案例"与"三个案例"相比，还是"三个"更容易理解。

最后的结论，是对开篇观点的重复，将同样的内容原原本本再重复一次。

在这种输出型 PREP 法的指导下阅读，会让"理性君"得到满足。

接下来，就以《清醒思考的艺术——你最好让别人去犯的 52 种思维错误》为例，试着建立一个输出模型吧。

在《清醒思考的艺术》的结语中，有这样一段文字。


虽然无法用语言说明成功的人生是什么样的，但可以准确地描述出什么样的人生不是成功的人生。

（中略）

因为人类其实并不了解自己创造出的世界。

（中略）

所以，我们需要一个充满了各种思考方法的工具箱。

读到这里，我们可以梳理出以下信息：

观点（P）：这本书主要围绕作者的疑问——"成功的人生"究竟是什么而展开。

书中写到，为了拥有"成功的人生"，需要一个装满了各种思考方法的工具箱。

理由（R）：需要这个工具箱的理由在于，人类并不了解自己创造出的世界。

接下来，需要三个案例。在刚才的"结语"后面有这样一段文字。

本书所采纳的 52 个思考方法的出处，大致可以分为三类：

第一个，过去 400 年来心理学研究的成果。

（中略）

第二个，斯多葛学派的思想。

（中略）

第三个，众多已出版的投资类书籍。

这三个可以作为案例直接采用。

工具箱由心理学、斯多葛学派的思想、投资类书籍构成，由此可以预测这就是真正拥有"成功的人生"的案例。

最后只需重复开头的观点即可，所以这本书的纲要大致如下：

观点（P）：这本书主要围绕作者的疑问——"成功的人生"究竟是什么而展开。

书中写到，为了拥有"成功的人生"，需要一个装满了各种思考方法的工具箱。

理由（R）：需要这个工具箱的理由在于，人类并不了解自己创造出的世界。

案例（E）：本书中的案例——工具箱，大致由三个领域的相关理论构成。即心理学、斯多葛学派的思想、投资类书籍。

结论（P）：阅读这本书，就能掌握可以拥有"成功的人生"所需的思考方法。

纲要，大致就是这样。

可以在开始阅读前，作为准备工作尝试着建立这种简单的纲要。

抑或是采用前文中提到的本能式阅读方法，为自己而读。

如果在那之后，还是想要弄清作者的意图，就可以建立并阅读这种纲要，从而实现理性阅读。

当然，这种方法仅仅阅读了"序言"和"结语"。接下来，为了进一步加深理解，可以在这个概括性的纲要的基础上，预测着阅读。

采用这种方法，大脑的理性思维就容易预测出接下来会垂涎什么样的内容，从而在获得心里认可的状态下继续阅读。

# 预测式阅读！"但是"的后面总会出现"作者的观点"

在阅读的过程中有意地关注书籍的逻辑结构，思考"这本书是如何写成的"，就能使理性思维得到锻炼。

读到这里，也许有人会想起应试教育中英语考试的阅读理解。而提起阅读理解的答题技巧，正是段落式阅读，即通过关注每个段落开头有着什么样的"接续词"，来掌握每个段落的要点。

我们可以将这些接续词称为"逻辑符号"。关注接续词，就可以预测出这一段落的"中心思想"。这个方法既适用于英文书籍，也可以应用在日语书籍的阅读中。

前面强调过，作者要传达的，必然与常规认识有所区别。

所以，必定会在"但是"这一表示转折的接续词的后面，阐述自己的观点。

而且，在这个转折之前，通常会出现"让步"或是"普遍的认识"。换句话说，就是在转折前，插下一面旗帜，提醒读者"接下来会有转折哟"。

有了"让步"，随即就会出现"转折"，然后紧接着就是作者的观点。

比如，我们可以试着关注下面这一种表达"让步""转折"的接续词。

**"确实"→"但是""不过""可是"**

在介绍过整体论、一般论之后，阐述作者观点的模式也相对比较多见。

**"一般来说"→"我认为""事实上""其实"**

就像这样，只需要找到关键性的一处内容，就能够实现预测。

关注接续词，就能在某种程度上预测出段落的构成以及作者的观点隐藏在何处，因此有助于我们理解和掌握作者的观点。

# 提高理性阅读速度的"逻辑符号"

或许这个理论已经不太新颖了，但还是要再强调一次，关注接续词等逻辑符号，就可以加快理性阅读的速度。

那么，接下来就让我们详细了解一下常用的逻辑符号都有哪些吧。

### 表示转折的逻辑符号

"但是""尽管如此""相反的""即便如此""岂止""并非如此"等。

### 表示让步的逻辑符号

"的确""当然""也许""大多数情况下""一般来说""总的说来""典型的""大部分""不管……还是……""无论怎样……都……"等。

### 表示理由的逻辑符号

"要说为什么""其原因在于""也就是说"等。

### 表示具体内容的逻辑符号（A=B）

英文中最基本的逻辑顺序就是"抽象→具体"。为了更好地呈现这一逻辑顺序，作者大多都会用到"举例说明"或"改变说法"。

如果了解"A（抽象）=B（具体）"结构，那么在理解了A之后，就可以跳过B。

反过来说，如果没能理解A，那么就可以仔细阅读B，从而推测A的内容。日语也是一样的道理。

### 表示改变说法的逻辑符号

"换句话说""换言之""总而言之""准确地说""具体来说""说到细节""说得更清楚一些""那意味着"等。

### 表示举例说明的逻辑符号

"举例说来""就像""比如""尤其""特别""乃至"等。

### 表示补充、并列的逻辑符号（A+B）

即围绕某个事物补充新信息，阐释"A+B"的关联。被追加的事物多种多样，但多用于追加"具体示例"或"理由"。

### 表示补充的逻辑符号

"和""亦是如此""进而""加之"等。

### 表示列举的逻辑符号

"第一""第二""首先""其次""最后""最终""同样地"等。

看到"第一""首先"等表示列举的接续词后，紧接着就会有"第二""其次"以及"最后"，可以看到同类别的内容。

### 表示因果关系的逻辑符号（A → B/A ← B）

英语的说明文尤其讲究结构上的逻辑性，因此更加注重因果关系。

比如，"所以""由于现在正是""原因在于""根据""其

结果""总而言之""结论是""出于××的原因""由
××引起"等。

看到这些逻辑符号，就能预测后续的文字、段落和章节。

因为可以预测或是推测出相关内容，所以就能实现跳跃
式阅读、对角线式阅读、泛读等，从而能够把时间放在更加
重要的内容上。

# 进一步提高预测式阅读速度的正负阅读法

刚才向大家介绍了应试教育中非常常见的段落式阅读。除此之外，应试教育中的其他阅读方法也对理性阅读有帮助。

即像精读那样理解每一句话是正面积极的还是负面消极的。

通过文章中的形容词、名词、动词即可判断出它的正负。

例如，下面这段文字。

要想发挥出卓越的效率，取得巨大成果，一个新颖且具有现实性的方法就是，将焦点由个人转为环境，做到以环境为中心。

从这句话开头的形容词——"卓越"能够读取到的是，"卓越＝积极"。

只要在这个词语之后，没有出现表示转折的接续词推翻前者，那么这句话所表达的就是正面积极的内容。

我们再来看看下面这段话。

如果周围的环境是散乱无章的，那么你的内心肯定也是乱作一团的。所有事物都是你在生存过程中必须背负的行李。

这句话中的"散乱无章""背负"等动词就给人一种负面、消极的印象。虽然末尾的"行李"是这个中性的名词，但我们还是认定这是一句情绪消极的表达。

这两段文字都出自本杰明·哈迪的《意志力陷阱》，这本书颠覆了过去的意志力万能说。单纯只看这两段文字，就能够得知作者的观点是，整备周围的环境比锻炼意志力更有效。

从作者使用了哪些积极、消极的名词、形容词、动词，就能看出作者想表达的意见。作者的情绪在一字一句中忽隐忽现。

结合刚才的逻辑符号，就能推测出这一段落的内容是正面积极的还是负面消极的，从而能够判断出其中是否含有作者的意见，作者又是什么立场。

从我的个人体会来说，在不断重复、积累这种训练之后，就像通感一样，黑白的文字也被染上了各种颜色。如果是正面积极的内容，那么就是暖色，反之就是冷色。

　　不过，即使本能上认为某一段文字是正面积极的，也要理性地确认清楚是否果真如此，有理有据地说出它就是正面积极的。

# 改变立场阅读 ——"采访式阅读""作者视角的阅读"

我有过被媒体采访的经历。有的记者会提出一些让人意想不到的问题，有的会点点头对我说的话表示赞同，有的还会做做笔记，总之就是让人充满了表达欲，沟通很顺畅。

将这种"采访"运用至阅读中，也是非常有效的。目前正就读于东京大学的西冈一诚在其著作《高分读书法》中介绍了改变立场，变身为记者读书的"采访式阅读"。

他在书中这样写道，要想真正掌握阅读理解的能力，将书本的内容变成自己的东西，就不能把自己当作"读者"，必须站在"记者"的角度上。即并非读书，而是采访书。"读者"单纯只是看看书中的文字，而"记者"就必须与采访对象有来有往地沟通，时不时还要一边记笔记，一边倾听作者的表达。阅读的时候，要思考如果作者就坐在我们面前，应该向他提出些什么样的问题才好。的确，改变立场阅读，从心理学的角度来说也是有效的。

　　读者只要改变立场，就能改变记忆的质量。不仅仅是由读者变身为记者像采访似的阅读，这次试着再改变一下立场，变身为"作者"阅读又会如何呢？想必阅读会变得更加有趣吧。

　　以读者的身份看书和以作者的身份看书是完全不同的。获得芥川奖的明星作家又吉直树在他的著作《跨越黑夜》中讲到了作为读者的阅读方法与实际写小说的人的阅读方法的区别。


　　当时深信这个故事很有趣，才开始了创作。可是没想到写了十张纸就结束了。（中略）咦？小说，是一种什么结构来着？都有什么样的文体、什么样的构成和写作方法呢？

　　从那个时候起，第一次以这种角度开始看小说。正是因为这个契机，让我体会到了过去从未感受到的阅读的乐趣，也让我对所有的作家都产生了敬畏之心。


　　从读者的视角转变为作者的视角，阅读变得更加有趣了。看待事物的观点和过去也有所不同，阅读方法也有了一定的变化。

这句话的后面，为什么会跟着这样一句话呢？

这段文字的创意究竟从何而来呢？

下一个故事的展开，又是从哪里获得的灵感呢？

就像侦探一样，追踪、调查作者的思路和头脑。慢慢地，将作者的思维植入自己的大脑，从某一刻起，你也能够像作者一样写出令人惊叹的创意。

首先像记者一样，思考如果作者就坐在我们面前，应该提出些什么问题，由此找到更多的疑问点和值得推敲、探讨的地方。在掌握了这种阅读方法之后，就可以尝试着变身为作者，站在作者的角度"回顾"是如何写出这样一本书的。

另外，如果彻底"伪装成"自己喜欢的作者，去读读看其他作者的书，那么你也能获得不同于往常地看待事物的新观点、新理念。

# 出自本能与充满理性的提问式阅读

为了彻底变身为记者和作者，我喜欢采用提问式阅读法。

提问，可以大致分为"询问"和"疑问"。

询问，指对自己更有利的直觉性问题。

疑问，指理性思考后提出的问题。

我一般会带着一些吐槽的意味，以一种比较放松的状态，带着问题去阅读。

大家可以在阅读前从以下问题中选取几个，带着问题读书，也可以读完之后借助这些问题来确认是否还有疑问。

### 出自本能的提问式阅读

1.这本书中哪部分内容对我有用？

2.读完这本书，我最应该立刻付诸实践的是什么？

3. 这本书的哪个地方对我的触动最深?

4. 这本书给予了我一种什么样的情感?

5. 在阅读这本书的时候,我是什么心情? 脑海中又浮现了什么样的场景?

6. 要解决我的烦恼,应该从哪儿读起比较好?

7. 能够立刻解决我的烦恼的具体方法是什么?

# 充满理性的提问式阅读

1. 这本书中，作者的疑问是什么？

2. 作者借助这个疑问想要传达什么样的信息或是结论？

3. 这本书是如何开始的，又是如何结束的？

4. 这本书的关键信息、核心概念是什么？

5. 创作这本书时，目标受众是什么样的群体？

6. 这本书能让读者的 before（烦恼、痛苦）、after（希望）发生什么样的改变？具体的方法、诀窍又是什么？

7. 如果要把这本书推荐给别人的话，要如何介绍才能打动对方？

8. 这本书与其他同类型书籍的相似点是什么？不同点又是什么？

借助这些问题，利用"所谓""非要""说起"等总结你阅读的这本书。在营销上，表示定义的"所谓"、表示对比优越性的"非要"、表示唯一、第一的"说起"等词是非常关键的。

　　"这本书讲述的是……"

　　"在这个类型的书籍中，非要选择这本书，是因为和其他书相比，它更……"

　　"要说……，那非本书莫属"

　　除此之外，寻找连作者都解答不了的"未解之谜"，更能加深你对这个领域的理解。在新阅读方法中，阅读并不是终点。阅读后才是真正重要的时刻。

　　讲述物理学家史蒂芬·霍金的电影《万物理论》中，在霍金邂逅他的第一任妻子的场景下，有这样一段对话：

　　"你相信吗？一个方程式就能解释宇宙中的一切。"

　　"真的吗？是个什么样的方程式？"

　　"你问得太好了。但我还没找到这个问题的答案。不过我相信，我一定能找到。"

寻找那个即使是某个领域的专家也未能解决的问题，将带领你找到那个你真正应该去探索的问题。

　　比起掌握所有问题的答案，发现"新的问题"并且找到真正属于自己的答案，要重要得多。

**第四章**

生活在不可预知未来的时代
下所需的新阅读方法

# "叙事能力""探索能力"和"建立关系的能力"

为了生存下去，人类必须具备三个特性，即叙事能力、探索能力（学习与改变）、建立关系的能力。

叙事能力，指为人生故事指引方向，赋予生活应有的意义，面临问题时讲述对自己有利的故事的能力。我的工作会变成什么样子？我需要哪些技能？职业生涯又该如何？"老去"意味着什么？

探索能力，指为了成功转型，学习以及改变自我的能力。漫漫人生路，如何才能找到新的机会，步入新的职业生涯？我怎样才能掌握这些职业所要求的新技能？我该如何应对新的变化，怎样才能实现人生的华丽转身？

建立关系的能力，指深层连接，建立并维持有意义的关系的能力。面对家庭结构的变化，与地域的关联，代际间的和睦，我与周围人能做些什么？

要想锻炼这些特性，除了"新阅读方法"之外别无他法。

阅读，可以提升语言能力，锻炼叙事能力。阅读小说和漫画，能让我们了解故事形态的多样化。

探索能力也能通过阅读得到提升与锻炼。只有不断探险的种族才能在优胜劣汰的自然法则中取胜。拥有本能的好奇心，应对可能会出现的问题，理性地分析，创造出具有重现性的解决方法。阅读，让我们踏入未曾经历过的世界，磨炼探索未知的能力。

最后，建立关系的能力同样可以通过阅读获得改进。理解他人创作出的文字，能够提升与他人建立关系时发挥核心作用的共情力。

总而言之，即便身处充满不确定因素的时代，阅读也能有效锻炼人类身上极为关键的能力。

# 没有反馈，就无法在充满不确定因素的时代中生存下去

阅读，可以加快掌握技能的速度。我们都见过有的人会为了掌握专业知识和技能，抑或是取得相应的资格证而看书。

心理学家安德斯·埃里克森建议灵活运用"刻意练习"，帮助我们更好更快地掌握新技能。

这是一个可以提高各种能力的方法，由以下三部分构成：

· 目的（目标与专注）

· 反馈（评价）

· 挑战（重新审视）

这是建议大家在通过阅读书籍掌握某种技能时能够付诸实践的方法。

# 为了成为理想中的自己，就要聚焦具体的"目的"

实现提高能力的"刻意练习"，首当其冲就是"目的"。

即设定自己的课题及目的——"目的是什么"，越具体越好。

设定目的的窍门在于，明确性（Specific）、可衡量性（Measurable）、可实现性（Attainable）、相关性（Relevant）、时效性（Time-bound），即"SMART"原则。

执行"SMART"原则时的要点主要有以下几点：

明确性，指目标明确。

可衡量性，指量化。

可实现性，指目标并不遥远，可以达到。

相关性，指如同山药蔓一般可关联其他目标。

时效性，指有明确的完成期限。

比如，与"提高阅读能力"相比，"一个月内，做到三十分钟看完一本书，并从中获得与自己的目的有关的提示"，这个目标更加具象，既有具体的数字，又与自己的贴合度高，还有明确的时间期限。

抑或是在目的中加入自己想阅读的书籍，比如"熟读彼得·德鲁克的《管理》，将今年的销售业绩提高10%""熟读吉姆·柯林斯的《基业长青》和《超越创业2.0》"等。

有了这种相对具体的目的，就容易收到反馈。

为了达成长期目标，思考并制订由每一小步积累而成的计划。写出自己已经掌握的东西，从而创造出理想中的自己。

然后，依据前面提到的"调整呼吸""随手翻阅""阅读闯入视线的内容""手指速读""关注'所谓'，寻找作者的疑问""基于逻辑符号的预测式阅读""在PREP原则指导下阅读"等，决定此次阅读应该关注些什么。

比如，在目标——"一个月内，做到三十分钟看完一本书，并从中获得与自己的目的有关的提示"中，就可以决定聚焦于"基于逻辑符号的预测式阅读"。

# 没有反馈，就无法成长

接下来，是"反馈"。如果不能获得正确的反馈，就无法实现技能的提升。正是因为反馈的即时性、正确性以及严肃性，人才能有所成长。没有反馈，人是无法成长的。

一开始，让我们先关注"结果""信息""修正"这三种反馈吧。

### 结果：成功或失败

还是举例前面提到的那个目标，"一个月内，做到三十分钟看完一本书，并从中获得与自己的目的有关的提示"，我们可以使用手机上的计时软件把握时间，确认看完一本书到底花了多长时间，是否在规定时间内完成了阅读等。

### 信息：失败在"什么地方"

如果没能在三十分钟内读完一本书，那么就要思考具体失败在什么地方，可以尝试着写出时间差在哪里。

**修正："如何"才能修正过去的失败？**

在这个阶段，我们应该思考具体的解决之策，想办法修正上一阶段找出的问题。这个时候，能准确指出错误的导师以及朋友的存在是不可或缺的。保持一个随时能够获得反馈的状态，是极为关键的。

# 主动走出舒适区

最后，是挑战。即立足于对在反馈中找出的问题，进行修正。

目前"刻意练习"中难度最大的就是要设计得能够获得反馈，从而不断调整接收反馈的"本能君"与"理性君"的状态。

"本能君"对批评是有些恐惧的。一旦本能地感到畏惧，"理性君"将无法发挥它的作用。因此，关键在于获得心理上的安全，达到能够获得反馈的状态。

除此之外，学习时重要的不只是单纯地学习，还要主动离开舒适区（Comfort Zone）。

比如，在时间上挑战自我，努力控制时间，使其短于初期设定的时间限制。

原本需要花费四十分钟，慢慢地缩短到三十五分钟、三十分钟……

感受到时间上的压力，就会有所发现。

即看清楚在压力面前，自己究竟是会被激发出潜能？还是反倒被压垮，更难发挥出才能？

如果抗压能力比较弱，那么就可以只将难度提高一点点。

设定一个伸出手差不多就能触碰到的目标，是至关重要的。

## 有了志同道合的伙伴，能力就会有所提高！

阅读的难点在于，很难形成可以获得反馈的状态。

大多数情况下，我们都是独自阅读。正因为如此，在读完后，很难产生相应的实感，不清楚究竟是读了，还是没读？

面对这个问题，我向大家推荐线上沙龙。

在网络上随便找找，就会发现有很多与自己的兴趣爱好相契合的线上沙龙。加入这些线上沙龙，然后与沙龙里的同伴交换意见，就能收获优质的反馈。

然后给某人助威，或是与他们一同成长，说不定还能收获自己的粉丝呢。

我认为线上沙龙的魅力在于，因各个不同的主题、体裁而聚集在一起的人们都很有趣。虽然一开始是对线上沙龙的主持人感兴趣，但是慢慢地就会发现聚在一起的人们也很有意思。

除此之外，最关键的是可以身处只要行动就能收获反馈的环境中。

说到底，学习某些知识时，或是进行某种实践时，比起独自奋斗，和志同道合的伙伴一起行动的效果更好。研究结果也表明，有了志同道合的伙伴，能力就会得到提高。

新西兰奥塔哥大学名誉教授詹姆斯·弗林教授在研究中发现，当一个人顺风顺水时，他周围的人也会变得诸事顺利。

和比自己优秀的人一同学习、玩耍，能力就会有所提高。这叫作"社会性协同效应"。

阅读也是一样。

与独自学习相比，和志同道合的伙伴一同学习能够产生协同效应。知识，应该与同伴共享，而不是被某一个人独占。

比起一个人独自努力，和同伴们共同奋斗更容易做出成绩，收获成果。

# 使用原文书和译本的反馈和挑战法

创造能够收获反馈的状态，英语水平也会有所提高。

为了检验自己的英语水平，我会同时准备译本和原文书。首先，在读完原文书之后，会列举出这本书的三个要点。

然后准确翻译这三个要点，再从译本中找出相应的部分，对照自己的翻译。

此时，译本就会给我一定的反馈。

接下来，是挑战（重新审视）。

如果译本中的内容与自己的翻译完全不同时，我就会思考为什么在翻译时出现这种错误。

审视原因在于语法，单词，还是其他完全不同的部分？

然后基于反馈，以提高自己的英语水平为目的，做出相应的改正并继续阅读。

# 可以实现读书过目不忘的反馈法

还有一个可以瞬间回想起阅读过的内容的反馈法。

心理学者杰弗里·卡皮可与珍奈儿·布兰特针对学生的学习方法展开了一项实验。

为了在考试中取得高分，你会从以下四个选项中选出哪种学习方法呢？

· 只看一次教科书
· 多次翻看教科书
· 自由回忆学过的内容
· 形成概念地图

以上四个选项中，看上去最能拿高分的可能是"多次翻看教科书"吧。你是不是也选择了这一方法呢？

但是，实验结果令人意外。考试成绩最好的学习方法竟然是"自由回忆学过的内容"，次之是"形成概念地图"，再次之才是"多次翻看教科书"。

尝试着自由回忆学过的内容，就能明白自己到底记住了多少，然后通过这种方式进行自测。

我在大学时期参加考试前，一般都是回忆学过的内容，抑或是制作表格、思维导图等概念图。

其结果，大部分的科目都取得了 AA 的成绩，拿到了奖学金。

美国赫赫有名的博主、学习大神斯科特·扬在其著作《如何高效》中分析到，自我测验之所以收效甚佳，其原因就在于可以从中获得"反馈"。

一般来说，即使被动地反复阅读，也无法收获自己究竟哪部分内容没搞明白的反馈。但是，通过测验就能获得反馈。从记忆中唤起知识的行为本身可以成为强有力的学习工具。

所以，为了实现读书过目不忘，无论阅读时间是三分钟还是三十分钟，是一小时还是两小时，都无所谓，回顾自己阅读过的是一本什么样的书，才是最关键的。

回顾时可以将自己记住的内容写在笔记本或是白纸上，

或者也可以在博客上写写书评等，总之需要进行某种可视化的输出。

更简单的做法，也可以参照前一章中介绍的 PREP 法，依据"观点（Point）→理由（Reason）→案例（Example）→结论（Point）"的框架写出书中的要点。

# 从最中间那部分开始读起

在学习新知识、掌握新技能时，大家都倾向于选择阅读入门书。

入门书，一眼看上去，通俗易懂。但是，也正是因为这个特点，入门书大多缺乏发展性。

华盛顿大学心理学教授彼得·布朗、亨利·勒格迪、马克·麦克丹尼尔在著作《认知天性》中是这样总结学习这一概念的。

·学习时的难点在于，巩固学习内容，强化记忆。

·内容简单的学习大多停留于皮毛，且容易遗忘。

·智慧并非皆为与生俱来。需要付出一定努力的学习，会让大脑发生变化，衍生出神经间新的关联，从而有效提升智慧。

·在老师教授之前，先努力去解开其他新的问题所取得的学习效果要比听老师教授解题方法后再解题好许多。

　·想要在每一个领域都取得优异的成绩，就要付出远超自己现有能力水平的努力。

　·虽然常会因挫折而放弃努力，但与此同时努力也会让你获得调整学习方法所不可缺少的重要信息。


　　从这里我们也能看出，通俗易懂的内容或是入门书，在促进学习上是有一定的局限性的。尽管这些书读起来容易上手，但为了走得更高更远，就需要突破局限。

　　原外交官佐藤优在与池上彰共同创作的《两位日本读书狂人教你"最强读书法"》中介绍了确认书籍难易度的方法。

　　即一开始先尝试阅读书籍"最中间"的一小部分内容。为了"畅销"，作者和编辑通常都会在开头和结尾下大力气，而紧张感和集中力通常会在中途有所衰退。所以翻开一本书最中间的部分，就能看出这本书的水平。翻开那一页，多读几行就能看出那本书的水准高低，是"目前能理解"还是"看不明白"。

　　我在第一次拿到《基业长青》时，觉得它又厚又重，随手翻开一页完全读不懂。

翻开的那一页出现了自家长成的经理人、杰克·韦尔奇、通用电气（GE）、西屋电气（West House）、菲利普·莫里斯公司等词语。

当时根本不明白这些词是什么意思，但是很兴奋，有种想继续读下去的冲动。

就在我思考怎样才能深入阅读《基业长青》时，《杰克·韦尔奇自传》恰好开始发售，令人不可思议的是，这本书又再次引起了我的注意。在阅读《杰克·韦尔奇自传》的过程中，慢慢地我对杰克·韦尔奇、通用电气有了一些了解，也因此终于理解了《基业长青》中"自家长成的经理人"的含义。

然后，为了更加深入了解《基业长青》，我查阅书中出现的人名、公司名、商业术语、经营术语、经济用语、参考文献等，掌握书中的每一个部分，由此不断加深对这本书的理解。

正如我在前面所讲到的那样，我的做法是确认在看某本书时自己会不会兴奋起来。比起理性，我更加依赖本能。

重点不在于文字是否晦涩难懂，读了也理解不了，而在于是否会兴奋起来，能否感受到悸动。

　　所以，即使感觉翻开的那一页不易理解，也不要就此放弃。

　　如果对你来说，那本书有一定的必要性，请一定要鼓起勇气大胆挑战一次。

# 入门书不是从一开始就要读的书，而是为输出而读的书

"看不懂的书"有两种。

一种是"架空书"和"原创书"、单纯讲述作者经历的"不可重现的书"。当卷尾没有参考文献列表时，就可以认为存在看不明白的可能性。

另一种是需要"知识储备"的书。之所以称为需要一定知识储备的书，是因为如果你想阅读这本书，就需要积累一定的知识才行。而能够有效积累知识的正是教科书和学习参考书。

除此之外，还有一个更值得推荐的方法。

那就是，依次阅读参考文献列表中的文章。

重现性强的书籍，高水平的书籍，其参考文献是最坚实的依据，是作者在书中想要表达的观点的基础。阅读参考文献，既能逐个验证作者的观点，又能学习作者的思维方式。

目标高远的人，想要突破极限的人，可以挑战依次阅读参考文献中的文章。

建议大家在阅读参考文献后，灵活运用入门书。

因为入门书通俗易懂，所以可以成为你形成输出时的基准。

入门书里的介绍说明大多简明易懂，可以作为参考基准，衡量你的输出是否简明扼要。

# 比入门书更适合于学习初期的是什么？

在学习初期，其实有比入门书籍更合适的书。

它就是漫画。回顾我的学习历程，可以发现我是通过漫画学习的。

过去，经常被父亲训斥道："别看漫画了，快去学习！"

但是，漫画可以激发我们的好奇心，引导我们走进全新的故事。漫画中的故事情节，会给予我们生存的力量。

目前，漫画已经不仅仅局限于过去的科幻故事、架空故事，各种类型、各种体裁的内容都出现了漫改版。

专业技术、文化、杂学、历史、政治、宗教等等，涉及各个领域。

戴尔·卡耐基的著作《如何赢得友谊及影响他人》以及史蒂芬·柯维的著作《高效能人士的7个习惯》等自我启发类长期畅销书也已经有了漫画版。

当然，以前的《世界伟人》等学习类书籍有助于我们的学习，但报纸杂志上连载的针对成年人的娱乐文章也可以成为学习材料。

政治方面，我推荐《历史剧画大宰相：吉田老的斗争》，是《小说吉田学校》的漫改版，可以从中学习二战后自民党的历史。虽然政治学习起来确实比较枯燥乏味，但是可以借助《骷髅13》中斋藤·隆夫的画让学习充满乐趣。

历史方面，我主要通过阅读横山光辉老师的《三国志》和王欣太老师的《苍天航路》（原作者：李学仁）来学习，如果是蜀国刘备的视角，那就读《三国志》。如果是魏国曹操的视角，那就读《苍天航路》。只是单纯改变了解历史故事的视角，看待事物的观点就会发生变化，但能从中感受到许多乐趣。

如果想了解中国古典知识，那么我推荐蔡志忠老师的思想系列，可以从孔子学到老子、庄子、孙子，再从韩非子学到佛教、心经、禅学。

漫画不仅能够让我们学习其中的知识，还可以创造机会，让我们拥有新的兴趣爱好。

我在读过《足球小将》之后就喜欢上了足球，看《灌篮高手》又喜欢上了篮球。然后在喜欢网球的时候，又开始看《网球王子》的连载。

　　某些事件的契机，总会有漫画出现。激发好奇心，感觉自己与漫画中的某个人物重合，慢慢与他融为一体，也是漫画的魅力。

　　漫画会带我们进入新的世界。

　　如果要读些入门书的话，那么我建议大家可以尝试着从漫画开始读起。

# 天才输出法 ①

**把握清晨时光，发挥创造性的能量**

读书并不是终点。

读过书后，能输出才是最关键的。

调查研究过天才们的习惯就会发现，大多数的天才都会充分利用早晨的时间，学习些什么，或是输出些什么。

奥地利的天才作曲家舒伯特从童年时代起，每天早晨六点到下午一点都会坐在书桌前作曲。

德国的大文豪歌德也是一样，之所以能够发挥出创造性的能量，是因为他坚持每天早上都要完成一页书的创作。

《悲惨世界》的作者维克多·雨果在天刚蒙蒙亮就会起床，坚持写作到上午十一点。

创作过诸多脍炙人口的作品的查尔斯·狄更斯，也是养成了早晨七点起床、八点吃早餐、九点进入书房写作到下午两点多的习惯，每天能够创作近两千字。

建筑家勒·柯布西林同样是在早晨六点起床，做做体操舒展身体后，吃过早餐，到中午都会一直画画或是写书，度过极具创造性的时光。

在我看来，我们的大脑每一天的运转其实和这些天才们并没有什么不同。

事实上，起床后的十六个小时内，人类大脑的运转是在变化着的。就像摄入酒精，处于醉酒状态时，时而觉得燥热，时而精神恍惚，大脑的状态是在一刻不停地变化着的。

大家可以放心的是，这种变化是有规律且可预测的，因此时间段不同，适合做的工作也是有所不同的。

早晨，正是能够最大限度地发挥创新能力的关键时间。

让我们在清晨做一些最具创造性的工作吧。

早晨醒来后的六个小时是制胜的关键。大约六个小时后，压力激素肾上腺皮质醇的释放量就会增加。在那之后，伴随着午餐，我们的认知会逐渐变得不稳定。医疗事故最容易发生在下午两点到四点也与此有关。

早晨，可以拿出笔记本或手账，试着写出昨晚睡觉前看过的那本书还记得多少。再或者，也可以写下三分钟晨读中引起你的注意的词句。

朱莉娅·卡梅伦在《创意，是一笔灵魂交易》中介绍的晨间笔记也是很有效的。

做晨间笔记非常简单。只需翻开笔记本或是手账，花三十分钟时间写下你的所思所想即可。从事创造性工作的人，大多都会在早晨进行类似的"书写式冥想"。

那么，你也尝试着在早晨进行一些创造性的输出吧。

# 天才输出法 ②

**在书上写下感想，深化思考**

关于输出，推荐大家将书籍作为笔记本对待，即"自由笔记"，具体说就是在书籍的空白处写写东西。

有很多天才和一流人才，都习惯于在贵重的书本以及古典书籍的留白处写下自己的注解。

比如，法国历史学家和人口统计学家艾曼纽·托德在其著作《艾曼纽·托德的思考地图》中就明确指出他在看书的时候，会直接在书上做笔记。

曾在哈佛商学院执教的爱丽丝·弗莱厄蒂在《午夜的疾病：写作驱动力、作者心理阻滞及大脑的创造性》（暂译名，原作名 *The Midnight Disease: The Drive to Write, Writer's Block, and the Creative Brain*）中提到，一种持续而旺盛的、难以控制的书写冲动在不断地"侵蚀"着天才们。

天才们总会在书籍的留白处写下些什么，由此提升思考的深度。

这一方法的核心在于,快速且持续性地做笔记。

想到什么就立马写下来。

在看书的过程中,脑海中浮现出什么好的想法,就直接记录在书本上,当然也可以写在便签上。

不要忌讳在看书的过程中做笔记,将自己内心深处的信息以可视化的形式表现出来,更加重要。

这种时候,画画等涂鸦的方式也是可以的,以绘画的形式将脑海中的形象表现出来,既容易记忆,又能强化学习能力。

除此之外,做完笔记回过头来再分析时,应该就能理解自己的思维方式了吧。

所以,当灵感和想法浮现在脑海中时,就马上写下来吧。

在书上画画线,抑或是写下些什么,就能建立起与过去的自己之间的联系。不可思议的是,数十年后再次翻看这本书时,那些线条、笔记还能让你回想起当时的心情和情绪。

衷心希望大家能够在这本书的留白处随意地写下你的所思所想。

# 成功人士在读完书之后，会做些什么？

对成功人士来说，完成阅读并不是终点，阅读完必定有所行动。

沃伦·巴菲特曾告诉过他的私人飞行员一个完成目标的小诀窍，我们可以参考这个小窍门制订行动计划。

1. 在纸上写下二十五个目标。

2. 慎重思考后，圈出对你最重要的五个目标。

3. 记住剩下没有圈出来的二十个目标，今后尽量避免与这些目标有所牵扯。这些并没有被圈出来的目标，会分散你的注意力，无故消耗你的时间和能量，让你无法集中在其他更重要的目标上。

这个方法是非常合理的。

我从很早以前就开始实践这一方法。不过，毕竟能力不及巴菲特，所以我将重要的目标由五个减少到了三个，因为大脑更容易记忆"三"这个数字。

首先，写下一整年的目标，制作"心动列表"，从中选取三个最重要的目标。

然后，制订这三个目标的年度计划。

可以按照七个层次来思考如何完成长期目标，即"紧迫性"→"模范"→"问题与解决方法"→"同伴与机制"→"突破极限"→"最大的困难"→"实现共振的世界"。具体内容可以参考鄙人的拙作《提高语言能力，实现梦想》，在这里姑且进行简要说明。

"紧迫性"：要求尽快完成目标的具有高度紧迫性的事件是什么？

"模范"：是否有人已经达成了你的目标？他是谁？有没有相关的著作？

"问题与解决方法"：挑战新事物时，经常会遇到的阻力是什么？什么样的力量可以克服这一阻力和障碍？

"同伴与机制"：有没有能够支撑你的才能的同伴或是机制？

"突破极限"：能够成为哪个领域压倒性的第一人？

"最大的困难"：要完成目标，最大的困难是什么？

"实现共振的世界"：倘若完成目标，你的人生会发生什么样的变化？

通过思考这七个层次，即可明确完成长期目标需要具备的各个条件。可以针对三个目标都进行七个层次的演算，也可以只对一个目标进行推演，做一次你就会发现是同一个模式。关键不在于计划有多么宏大，而在于提前预测可能会遇到的困难和问题，然后制订一个可以应对这些困难的柔性计划。

接下来，再从各个条件中写出月度目标。

然后，提炼出每个月要完成的三个目标并执行。下一步，将这三个月度目标分解到周。

集中精神思考一周一百六十八个小时中有多少个小时可以用在这三个目标上。

以工作为例，每天八小时 + 加班 × 五天 = 五十小时。将与完成目标需具备的条件、相关的行动全部渗透到这五十个小时中。

如果是副业、兴趣爱好，就要从整体时间中划分出一定的时间。简单计算一下工作、睡觉、吃饭、洗澡的时间，大概有四十个小时。

将每天起床后最少 10%~20% 的时间，花在完成目标上。比如，如果去除睡觉的时间后每天总共有十六个小时，那么就要花两小时左右为完成目标而努力。

让我们充分利用这些时间，集中精神，全力以赴实现目标吧。

# 轻松实践新的阅读方法的习惯

人类的大脑习惯于追求效率，对某种行为进行多次反复执行，就能形成习惯。

培养习惯的窍门有很多，其中最简单的就是将行为分解为最小单位。

《微习惯》的作者——斯蒂芬·盖斯认为，将目标行为分解为最小形态，小到不用强迫自己的程度，是养成习惯过程中极为关键的一点。两到三个新的习惯，每一个习惯都尝试性地持续一周，全部加起来在十分钟内完成为宜。总而言之，就是"以极端微小的单位执行"。

此前讨论过的新阅读方法中"三分钟晨读"就会成为最小单位的阅读习惯。当然，"一天读三分钟"也可以。

除此之外，盖斯还提到，避免失败的秘诀在于事先考虑好"或者"。

比如，看三分钟书，"或者"读翻开的某一页。

这是培养阅读习惯的捷径，关键在于将时间花在提高、进步上。

习惯，可以分为"时间单元""行为单元""自由模式"三种形态。

这三个形态是非常有效的，希望大家可以在培养习惯的过程中进行实践。下面举例说明一下。

时间单元：我要在"早晨七点"看三分钟书。或者在"十二点"读三分钟书。

行为单元：我要在"早晨刷牙后"读三分钟书。或者晚上"躺在床上后"翻翻书再睡觉。

自由模式：没有特别的要求。在一天二十四小时内读三分钟书。

即便如此，习惯可能也会在坚持一段时间后中断。

因为我们在坚持一段时间后，会不自觉地增加行为量，以更高的要求约束自己去行动。但是，在遇到某些意外事件时，就会丧失积极性。越是要求完美，越会因意外事件而放弃。

面对这种情况，美国畅销书作家、人气博主乔恩·阿卡夫的著作《要搞定，不要完美》（*Finish: Give Yourself the Gift of Done*）可供参考，阿卡夫在书中介绍了行为中断时，重新建立习惯的方法。

这个秘诀其实非常简单。

即在行为中断时，就定下重新开始的时间点。

只要定好重新开始的时间点，随时都能"重启"习惯。

无论失败了多少次，只要设定了新的目标，就能重新开始。

重新开始的起点可以是新年、春节、立春、四月、秋分日、新月、每个月带"一"的日子、周日、周一、生日……什么样的时间都可以。关键在于，即便受挫也能重新开始的设定。

说到底，本来就没有谁能完美地坚持到底。

首先，从每天读三分钟书开始，然后不断反复，使其成为例行事务。

尽可能保证每天都在同一时间点进行这一行为，慢慢地阅读就会成为习惯。

## 邂逅好的书店，意味着邂逅优质书籍

到目前为止，我们探讨了阅读的好处和如何养成阅读习惯，下面我们来讨论一下如何邂逅一本好书吧。

与好书的相遇，有很多种方式。

比如，来自导师或朋友的介绍。抑或是，偶然间在书店随手拿起的一本书。

在 Book 1st 涩谷分店与神田昌典的《金钱与英语的非常识关系》的相遇，成了我培养阅读习惯的契机，虽然这家店现在已经不存在了。从那以后我又邂逅了各种各样的书籍。

与好书相遇时，总会出现某种信号。

与 Cyber Agent（日本一家互联网巨头公司）藤田晋先生的《涩谷社长的告白》的相遇亦是如此。在母校青山学院的开学典礼上，当时的校长助理 S 教授恰好在发言中提道："藤田先生在我校……"没过多久，我就在 Book 1st 涩谷分店遇到了他的著作。在那之后，我便进入书中出现过的 GMO

Internet（日本 IT 巨头）工作，也萌生了想要创业的想法。

好的书店，让我们遇到好的书籍。

有很长一段时间，我都热衷于在 Book 1st 买书，尤其是现在已经闭店的涩谷分店，可以说在那里遇到了很多改变我人生的书籍。

新宿分店号称拥有东京都内最大的在库书量，时下最热门的书籍自不必说，还有众多杂志与传媒类书籍。我在这家分店已经消费了近八百万日元（仅限新宿分店使用的积分卡上，我的积分已经达到了 75000 分）。

新宿除了 Book 1st 之外，还有纪伊国屋书店。走进纪伊国屋书店新宿总店，可以在每一层都将自己置身于文山书海，尽情品味每本书的主题。书店一楼，整齐摆放着时下最热门的书籍，可以说在书店一楼逛一圈，就能了解当下的文化风向。走得稍远一些，东京站附近坐落着丸善丸之内总店。因为周边多为写字楼，上班族比较多，所以如果要找一些稍显刻板的商业书籍，可以来这里看看。我坐新干线出差的时候经常会顺路去这家店，买上几本书，在新干线上翻看。

去惠比寿的话，恰好可以去有邻堂 Atre 惠比寿分店。有邻堂里多是些女性随笔、心灵鸡汤类书籍。除此之外，惠比寿周围IT公司和设计公司比较多，所以创意类书籍也比较多。

大阪也有很多我很中意的书店。

说到流行和营销，我个人感觉还是纪伊国屋书店梅田总店最厉害。走进这家店，你立马就会知道现在哪本书或者谁的书卖得最好。

离梅田稍有些距离的Maruzen&淳久堂书店梅田分店里，有著名的Nagasawa文具中心，在那里想必你一定会深陷钢笔的魅力无法自拔。

除了这些书店之外，名古屋有JR名古屋高岛屋三省堂书店名古屋分店，福冈有丸善书店博多分店，熊本有茑屋书店熊本三年坂分店，德岛有平惣书店，香川有宫胁书店，到了东北和北海道一带还有福岛的淳久堂书店郡山分店，宫城的丸善书店仙台Aer分店，金泽的未来屋书店，札幌的纪伊国屋书店……总之全国各地到处都有我很喜欢的书店。

每家书店都有自己的特色，而且连锁书店根据其整体风格和不同的店铺，又会赋予每家分店不同的个性和色彩。就我个人的印象来说，正统一些的是纪伊国屋书店，学术系的是丸善书店，追求流行风尚的是 Book 1st，女性随笔和心灵鸡汤首选有邻堂，时尚又有些小众的是茑屋书店，有仪式感的是三省堂书店。

就像这样，每家书店的陈列和主推的书籍都不尽相同。因为有时书籍采购也受制于各家店负责人的判断，所以不同的书店，读者们遇到的书籍也会有所不同。

正因为如此，我才会推荐大家在书店里买书。

书店就是一座宝库，同时也是一处充满了反馈的宝库。走进书店，看到杂志的封面，就能了解时下哪位艺术家、哪个明星最当红，看到上面的广告语，就能得知当下流行些什么。

由此也可检验自己的感触与当今社会的流行趋势是否一致。既能将其灵活运用至市场营销，也能感受到当地的特色。

书店，是一个神奇的地方，即便只是置身于那里，也会产生具有偶发性的共时效应。

而且，书店也没有最低消费，光看不买也不花钱，可以说是非常划算了。光是踏进书店，就已经算是捡到便宜了。

# 如何在书店找到你心中所想的那本书

养成阅读的习惯之后，就试着走进自己喜欢的书店吧。

确定好每周一次或每月一次必去的书店。

寻找好书的窍门在于走进书店前就考虑清楚自己的目的。

如此一来，就能遇到那些在众多书籍中散发着光芒的那本书，闯入你视线的那本书，观点独特的那本书。或者，走到你想要阅读的某个领域的书架前，从书架一端轻轻抚摸每一本书（注意不要损毁、污染书籍），也许就能激发出新的灵感。

如果找到了你心中所想的那本书，就翻开试读三分钟。

"此刻的我，需要阅读的内容在何处？"

在心中提出这一疑问之后，如果你需要这本书的话，那么你手里的书籍肯定会给你回答。答案就在你随手翻开的某一页上。

如果体会到兴奋，浑身起鸡皮疙瘩，或是看到让你感叹"原来如此",给予你启发或触动的一句话、一段文字,那么就可以买下这本书,也许就是命中注定的那本书。趁着新鲜感还没有褪去,赶快拿着这本书去收银台付款买下它吧。

习惯了这一做法之后,不知不觉中,书店将会成为解决你日常烦恼的最佳场所,书和书店将守护着你,治愈你每天的疲劳和压力。

# 阅读的未来会是什么样？

《福布斯》杂志评选出的"2020年商业用书TOP10"中，上榜书籍《未来呼啸而来》预测了未来书籍的形态。

那正是科幻小说作家尼尔·斯蒂芬森在1995年发表的小说《钻石时代》中所描绘的未来书籍的样子。

未来的书籍，将是一种搭载AI的学习工具，可以按照每个用户的需求定制相应的内容。对于用户提出的问题，也会配合着当时的情境做出解答，由此勾起读者的兴趣。与此同时，通过感应器实时监控用户的能量水平和情绪，创造出最佳的学习环境，从而实现期待中的成长。到了那时，书的目的并不是让人适应社会的需求，而是培养具备强大独立心、共情力，能够进行创造性思考的人。

正所谓"未来已来"，书中描绘的场景正在逐渐成为我们生活的日常。

在不久的将来，外文书的自动翻译也会变为现实，用一种语言就能读尽全球书籍。我们即将迈入用 Kindle 或是其他的阅读终端实现自动翻译的时代。从技术角度来说，已然可以实现。

到了那时，无论是英文书，还是中文书，只需按下"翻译"键，瞬间就能转化为日文书。

现在，已经出现了自动翻译服务，可以满足日常对话需求。同样的，不久的将来，书也能实现自动翻译，无论是哪种语言，都能轻松阅读。

当无论是哪种语言的原文书都能被自动翻译的时代真正到来时，或是不久的将来搭载 AI 的书籍面世时，需要我们具备什么样的能力呢？

我想，应该是此前学到的快速阅读的本能式阅读力，以及通过远深于书本文字的理性式阅读力，衍生出"新的疑问"，并深入思考的能力。

希望大家在期待着未来书籍的诞生的同时，让新阅读方法成为你的力量，一种能够支撑你在任何时代都可以生存下来的力量。

## 终　章

## 读了书会怎样?

# 创造出全新的自己

阅读的意义，在于能否邂逅足以拨动你心弦的一字一句。

这一字一句，可以是随手翻阅书籍，由"本能君"选出来，也可以深入阅读，由"理性君"在严谨的逻辑思维下推导而出。

此时，能否理解作者观点是次要的。

拨动你心弦的那一字一句，将会支撑你的人生，给予你力量。

现在，正是看不到前方的充满不确定因素的时代。

要想在这个时代生存下来，关键在于如何改变自己此刻看待事物的观点，创造出新的"疑问"和崭新的"自己"。

应该如何发挥自己的才能，如何选择……

是过被别人设定好的人生，还是做自己真正喜欢的事情，享受人生……

选择权，在你手中。

阅读，可以让你拥有从零开始创造人生的力量。

一个小小的行动，就能开启全新的世界。

拿起书吧。拿起书，随手翻开一页，从那一字一句开始迈出新的一步，哪怕这一步是多么微小也无妨。

只要有所行动，你的人生从此就会被改变。

你的改变，会带来周围的改变，让世界朝着更美好的方向前进。

## 阅读之后，在前方等待你的同伴

你不再是孤身一人。

每每触摸书本、翻阅时，这本书的作者就会成为你的同伴。

当你感觉到痛苦、伤感的时候，被人生击溃的时候，他都会陪在你的身边，为你建言献策。

然后，在某个时刻，会通过阅读结识真正的挚友。

那个过去的自己绝不会遇到的人；抑或是曾经遇到过，却从未有过共鸣的人。阅读，会让他成为你在现实生活中的同伴。

最后，我想说的是感谢。

这本书里所有的内容，并非我一人所作。

这本书是在阅读众多先辈的著作，和挚友、编辑的对话中诞生的，我要发自内心向大家说一声感谢。

Sunmark 出版社，植木宣隆社长、金子尚美主编。

企业经营咨询顾问、作家神田昌典先生，影像速读法的创始人保罗·席列博士。已经故去的思维导图的创始人托尼·博赞先生。

瑞士洛桑大学的伊夫·皮尼厄教授。

教授多语言学习方法的新条正惠老师，还有共振阅读法讲师山川祐树老师、生乃三阳子老师、渡边雅也老师、武田英子老师。引导师岩井香织老师、大竹秀敏老师、键原吉浩老师、金子纯子老师、北村志麻老师、菊池未希子老师、铃木纯子老师、富桝喜久子老师、西尾拓真老师、西胁美惠子老师、村上英范老师、山本诚一郎老师、山本容子老师。

还有线上读书沙龙的各位朋友。

衷心地感谢大家。

最后，还有正在阅读这本"新阅读方法"的年轻人。

这本书是为了让你的人生走向更高更远的地方而创作的。如果只是阅读了本书的一部分，就让你的负罪感有所缓解，朝着充满书籍的日常更近一步的话，我会非常开心。

能够读到这里，真的非常感谢，发自内心地感谢。

愿书籍带来的能量，能够让所有的好事如温泉一般温暖每一位朋友。

愿与理想人生的共鸣，日日与你相伴。

渡边康弘